青春文庫

人間の悩み、あの神様はどう答えるか

世界の神々と神話に学ぶ人生哲学

沖田瑞穂

青春出版社

はじめに

人生の道しるべは「神話」にあり！

みなさんは、悩み事がある時、どうしますか？
信頼できる人に相談したり、先人の知恵を借りようと本を読んだりするかもしれません。

でも、神話をひもといてみよう、と思う方は少ないのではないでしょうか。神話、神々の物語は、もしかしたら一見、みなさんの悩み事とは無縁のように思われるかもしれません。

ところが、実は神話は、現代に生きる我々にとっても、欠かすことのできない知恵の宝庫で、そこで生き生きと活動する神々は、私たちのさまざまな悩みに答えてくれます。なぜなら神話が生み出された背景には人類に共通の心のはたらきがあるからです。

神話の神々は、案外人間くさいところがたくさんあります。たとえば日本の神話に登場するスサノヲ神。怪物のヤマタノヲロチを退治した勇ましい英雄神です。このスサノヲ、実はマザコンの神さまなのです。生まれた時から、ひげが胸に垂れ下がるようないい年ごろになっても泣きわめいていたので、父のイザナキがわけをたずねると、「黄泉の国の母イザナミを慕って泣いています」と答えたので、怒りをかって追放されてしまいました。

それから、姉のアマテラスのいる天上世界でさんざんいたずらをしたのですが、これは姉を母親代理のように見立てて甘えたのですね。そのあと根の国の支配者として再登場した時には、娘のスセリビメに対して激しい執着心を見せて、婿のオホクニヌシにさんざんいじわるをします。

つまり、母、姉、娘と、親族の女性に極端に執着しているのです。英雄神であっても家族の女性にとことん弱いスサノヲ。神さまも悩んでいます。だからこそ、私たちの悩みをよくわかってくれそうではありませんか？

過去を生きた人たちも、悩み事は私たちとそう変わりません。たとえば、「人間はなぜ死ななければならないか」という根源的な問題に対して、インドネシアではこんなユニークな話で説明を試みました。

～石とバナナの言い争い～

大昔、バナナの木と石が、人間がどのようであるべきかについて激しい言い争いをした。石は言った。

「人間は石と同じ外見を持ち、石のように堅くなければならない。人間はただ右半分だけを持ち、手も足も目も耳も一つだけでよい。そして不死であるべきだ」

するとバナナはこう言い返した。

「人間はバナナのように、手も足も目も耳も二つずつ持ち、バナナのように子を生まなければならない」

言い争いが高じて、怒った石がバナナの木に飛びかかって打ち砕いた。しかし次の日には、そのバナナの木の子どもたちが同じ場所に生えていて、その中の一番上の子どもが、石と同じ論争をした。

このようなことが何度か繰り返されて、ある時新しいバナナの木の一番上の子どもが、断崖の淵に生えて、石に向かって、

「この争いは、どちらかが勝つまで終わらないぞ」

と叫んだ。怒った石はバナナに飛び掛ったが狙いを外して、深い谷底へ落ちてしまった。バナナたちは大喜びで、

「そこからは飛び上がれないだろう。我々の勝ちだ」

と言った。すると石は、

「いいだろう。人間はバナナのようになるといい。しかし、その

かわりに、バナナのように死ななければならないぞ」

と言った。

石とバナナの面白いけんかの話のようでいて、その結果はきわめて深刻です。バナナの勝利によって人間に死の運命が定められたのですから。

石は不死だけれど、人間は石の運命ではなくバナナの運命を引き受けることになった、だから死ななければならない。けれどもそのかわりに子どもを作ることができる。

これは現代の我々も知っておかなければいけない、生と性と死に対する、とても深い洞察です。

このように神話は、知恵の源泉で、その価値は現代においても色あせることなく、むしろ一層必要性を増しているように思います。そして時に人間くさいこともある神さまたちは、私たちの悩みをわかってくれるし、たくさんの答えを与えてくれます。

さあ、私たちの悩みを、神さまに相談してみましょう！

沖田瑞穂

もくじ

第1章 生き方編

そうだ！あの神様に聞いてみよう

第2章 仕事編

そうだ！ あの神様に聞いてみよう

第3章 人間関係編

そうだ！ あの神様に聞いてみよう

第4章 恋愛・結婚編

第5章 家族編

そうだ！　あの神様に聞いてみよう

第6章　生活編

もくじ

本文イラスト　伊野孝行
デザイン&DTP　黒田志麻

第1章 生き方編

そうだ！
あの神様に
聞いてみよう

悩み 01

Q 影が薄いと言われ、いつもみんなの引き立て役

（本当は教室の真ん中で騒ぎたい10代男子）

A 時には思い切って笑いをとったり、得意なことを披露しよう

回答してくれた神さまは
踊りで注目を集めた女神

アメノウズメ

●**登場場所**…日本神話
●**祀られている場所**…千代神社（滋賀県彦根市）、芸能神社（京都市右京区）、椿大神社（三重県鈴鹿市）、鈿女神社（長野県北安曇郡松川村）
●**逸話**…岩屋に籠もってしまったアマテラスを外に引き出すために、岩屋戸の前で踊った踊りの女神

回答：神も笑いをとって注目を集める

　私たち神々の女王さま、アマテラスさまは、普段は温厚な方ですが、スサノヲさまのあまりの暴挙に怒って岩屋に身を隠されてしまいました。アマテラスさまは太陽の女神です。太陽が隠れてしまわれたので世界は暗闇に閉ざされてしまいました。

　そこで知恵ゆたかなオモヒカネの神が計画を立てて、お祭りを行うことにしたのです。みんなで楽しくしていれば、アマテラスさまも外に出たくなるでしょう。私は神々の前で踊りを披露しました。激しく踊ったので衣がはだけてし

アマテラスとスサノヲ

イザナキの禊《みそぎ》の時に生まれた姉弟神。アマテラスは天上世界・高天原《たかまがはら》の主、スサノヲは海の支配を委ねられた。

スサノヲの暴挙とは？

高天原でさんざんいたずらをしたあげく、皮を逆さに剥《は》いだ馬をアマテラスの機屋《はたや》に投げ入れ、女神を死なせてしまった。

まいました。すると一同は大笑いし、アマテラスさまは岩屋から出てきてくださったのです。

人から認められたいという気持ちは誰もが持っているものです。ですから恥ずかしがることはありません。

勇気を出して、時には思い切ってなりふり構わずやってみてはいかがでしょう。周りも面白がってくれるのではないでしょうか。

笑いには、生命を呼び覚ます不思議な力があるのですから。

アマテラスが岩屋から出てきたわけ

岩屋籠もりは、アマテラスの死と再生を象徴している。岩屋が子宮を表しており、そこに入ってしまうことによって死に赴き、また出てくることで再生する。岩屋籠もりはアマテラスの通過儀礼の意味をもつのだ。

悩み 02

Q 子どもがなかなかできなくて…。つい子どものいる家庭に嫉妬してしまう

（ベビーラッシュ真っただ中の30代主婦）

A 私もいないけど、大地の実りはみんな私の子

回答してくれた神さまは

子はいないが夫婦仲のいい女神

スセリビメ

●**登場場所**…日本神話

●**祀られている場所**…出雲大社（島根県出雲市）、春日大社（奈良県奈良市）、國魂神社（福島県いわき市）

●**逸話**…スサノヲの娘で、オホクニヌシに一目惚れして結婚した。嫉妬深い性格で、ライバルのヤガミヒメを追い出したことも

回答：神にも子がいないものがいます

私とオホクニヌシさまの出会いは根の国、黄泉の国です。父のスサノヲを訪ねてきたオホクニヌシさまに一目惚れして、その場で結婚しました。ところが父がオホクニヌシさまに嫉妬して、さまざまな試練（というか意地悪）を課しました。その時には私が手を尽くして助けてあげました。その後、父に認められて祝福され、地上に連れてきてもらい、この国で初めての「正妻」となりました。

ところがオホクニヌシさまときたら、浮気ばっかり。でも大地の女神たちの豊穣のためと思

オホクニヌシの試練

スサノヲは根の国にやってきたオホクニヌシに様々な試練を課した。蛇の部屋、蜂とムカデの部屋に寝かせたり、野原で焼き殺そうとしたり。ほとんど意地悪？

なぜ浮気をする？

オホクニヌシは豊穣の神。浮気相手の女神たちは、それぞれの土地の大地を表す。性的交わりによって女神たちに豊穣をもたらす大切な役割、それが〝浮気〟だったのだ。

い耐え忍びました。

　私たちには子どもがいません。大地の主の正妻に子どもがいないなんて…。でも実は大地の実り、それがすべて私たち二人の子どもです。形こそ違うものの「子ども」はいて、その形はそれぞれ。自分が何を生み出すかは、選ぶことができるのですよ。

　それに、私たち夫婦はとても仲がいいのです。夫は浮気を反省し、今では二人で抱き合って出雲大社に鎮座しています。愛する夫がいるのは幸せなこと。もっと夫婦二人の生活を楽しんでみては？　そこからです。

浮気をやめたワケ

一通り女神たちに豊穣を授けて、その役割が終わると、オオクニヌシは正妻のスセリビメのもとに戻った。今も出雲大社で二人抱き合った姿で鎮座している。

悩み 03

Q 美人の妹と比較され続けてつらい…

（優等生の姉と言われながら釈然としないアラサー女性）

A 花の命は短命。岩のように長生きすると、健康で容姿以外の幸せに気づくわ

回答してくれた神さまは

美人の妹をもつ長寿の女神

イハナガヒメ

●**登場場所**…日本神話

●**祀られている場所**…雲見浅間神社（静岡県賀茂郡）、大室山（静岡県伊東市）、全国の浅間神社（コノハナサクヤビメとともに）

●**逸話**…山の神オホヤマツミの娘で、妹に美しいコノハナサクヤビメがいる。姉妹で天孫ホノニニギに嫁いだが、あまりの醜さに親元に返された

回答：神は外見が数ある価値の一つに過ぎないと知っている

たしかに容姿はわかりやすい比較対象ね。でもまず、誰かと何かを比較するのが無益であることを肝に銘じてほしいわ。みんなそれぞれの良さ、それぞれの美しさがあるものよ。

私には美しい妹コノハナサクヤビメがいて、一緒にアマテラスさまの孫のホノニニギさまに嫁ぎました。ところがホノニニギさまは、美しい妹だけを側にとどめ、私の醜さに恐れをなして親元に返してしまわれたのです。私は激怒して、ホノニニギさまの一族、つまり後の天皇家

ホノニニギとは？
天上の最高女神がアマテラスで、スサノヲとウケヒをして生まれたのが息子のアメノオシホミミ、その息子がホノニニギ。

なぜ姉妹で嫁いだか？
イハナガヒメは岩のような堅固な命を、コノハナサクヤビメは花のような繁栄を表している。その両方を天孫に授けようとして、二人が共に嫁いだ。

と、それから人間皆の寿命を短くしました。

美しさとははかないもの。私は名前からもわかるように、岩のような堅固な生命を司っています。見た目は悪くても存在自体がかけがえのないもので、見た目だけでは計れないものが多いのです。美しいことがいいばかりでもありません。美しい妹も苦労していて、一夜で妊娠したことを夫に疑われて怒って火中で出産したくらいです。

それに、見た目は劣化しますが、心の持ちようはいくらでも磨くことができますね。

コノハナサクヤビメの妊娠と出産について

コノハナサクヤビメは山の神の娘。山の女神はすぐに妊娠し、しかも多産であるとされている。そのためにホノニニギの子をすぐに身ごもったが疑われたので、出入り口のない産屋を作って、そこに籠もって火をつけて出産することで、身の潔白を証明した。

悩み
04

Q

私だって…本当はキラキラしたい

（地味系10代女子）

A

生まれてきたこと自体が
何より大切。
私には生まれた時の話しか
残ってないよ

回答してくれた神さまは
最初の神

アメノミナカヌシ

●**登場場所**…日本神話
●**祀られている場所**…秩父神社（埼玉県秩父市）、千葉神社（千葉県千葉市）、東京大神宮（東京都千代田区）
●**逸話**…『古事記』で原初の時に生まれた最初の神。生まれてすぐに姿を隠し、その後の活躍は物語られない不思議な神

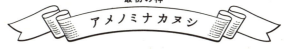

回答：神にもただ〝いる〟だけのものもいる

存在感とは何だろう？　それは、人が個々に感じ取る相対的なもの。そのような実態のないものに振り回されることはない。

私には生まれた時の話しか残っていない。しかし今なお語り継がれている。それは生まれてきたことの大切さを伝え続けているからだ。

私のことを「ひまな神」と呼ぶ人もいる。特に何も役割を持たず、ただ存在している、それだけの神をそのように呼ぶらしい。

どうやら、もともとは天空の高みに存在する至高の神として崇拝されていたが、あまりの尊

古事記と日本書紀
日本最古の典籍が『古事記』で上中下巻とあり、上巻に神話が記されている。712年に完成した。その直後720年に『日本書紀』が完成した。

さに人々の関心から遠ざかり、とうとう役割を失ったというのだ。それでも名前は残り、語り継がれた。

人の目を気にするのではなく、自分の内面と対話してみることが大事だ。自分自身で、己の個性を見極めれば、自信がついて存在感など気にならなくなるだろう。

あるいは、あなたが生まれた時の話を聞いてみてはどうか。無事に生まれた、それだけで喜んでくれる人がいること、それを知るだけでもあなたは自分の大切さを感じられるのではないだろうか。

造化三神について

『古事記』の冒頭で最初に宇宙に生まれた三神、アメノミナカヌシ・タカミムスヒ・カムムスヒを「造化三神」という。まず天（「アメ」）の中心（「ミナカ」）が定まり、その次に「ムスヒ」すなわち「生産の力」を持つ二神が生まれ、創造の源となったことが表現されている。

悩み
05

Q 何のために生きているのかわかりません
（思春期をこじらせたアラサー女性）

A 人生とは、泡のように消えるはかないもの。だからこそ今を大切に

回答してくれた神さまは
幻力を操る神

ヴィシュヌ

●**登場場所**…インド神話
●**祀られている場所**…インド、ウッタル・プラデーシュ州ジャンシーのサルヴァトバドラ寺院、ケーララ州ティルヴァナンタプラムのパドマナバスワミ寺院
●**逸話**…ヒンドゥー教の三大主神の一人。マーヤーと呼ばれる不思議な力を操り、多くの化身を持つ

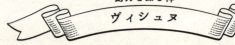

回答：神も人生が何かはわからない

人生とは何か。考え始めると答えの出ない悩みだ。

私は、マーヤーという不思議な力を操ることができる。このマーヤーの話をしよう。

ナーラダ仙が私に「マーヤーを示したまえ」と望んだ。そこで私たちは荒野に出て、ナーラダに水を持ってくるよう命じた。ナーラダは一軒の家に行き、出てきた娘を見た瞬間、本来の目的を忘れ、娘と結婚し、三人の子をもうけた。しかし洪水が起こり、家も家族も流され、ナーラダは泣き崩れる。

ヒンドゥー教の三大主神とは？

世界を創造するブラフマー、その世界を維持管理するヴィシュヌ、時が来るとその世界を滅ぼすシヴァの三神がヒンドゥー教の最高神。

ナーラダとは？

名高い聖仙のひとり。聖仙は「リシ」と呼ばれ、バラモンの神格化されたものと考えられる。神々をも上回る力を持つとされることも多い。

その時、私は彼に言った。

「水はまだか？　私は30分以上もおまえを待っているのだよ」

ナーラダが妻と出会って子どもが生まれ成長し、洪水が起こってすべてが流された、その半生はすべて幻であったのだ。これらはすべて私がマーヤーによって作り出したものだった。

人生とは一体何なのか、それは謎に包まれていて、実は我々神々にもわからないもの。だからこそ、しっかりと今を見つめて、真摯に生きて行くしかないのだ。

マーヤーとは

「測量する」という意味の語根「マー」から作られた言葉がマーヤー。そのため「作り出すはたらき」という意味を持つ。古いヴェーダの神話では、アスラという神々の一族がマーヤーを操るとされた。ヴァルナ神がその筆頭である。不可思議な呪術的力のことを指す。

悩み 06

Q 地味な見た目で損している気が…

（パッとしないと言われる30代男性）

A パッと見ただけでは、人の価値はわからないもの

回答してくれた神さまは
小人の神

スクナビコナ

●**登場場所**…日本神話
●**祀られている場所**…大神神社（奈良県桜井市）、各地の少彦名神社
●**逸話**…海からやって来た小人の神。あまりに小さくて誰も名前を知らなかった。オオクニヌシと協力して国づくりをした

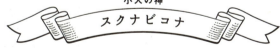

回答：神にも存在感の大小はあるが〝実り〟とは関係ない

私の姿を見て。

地味でしょう。

あまりに小さくて目立たないし、正体もわからないから、私を見た神々はみんな戸惑っていた。案山子《かかし》の神のクエビコだけが私の正体を知っていた。

私は、原初の三神のひとりであるカムムスヒの子。あまりに小さくて母の手の指の間からこぼれ落ちてしまった子だ。母の命令で、私はオホクニヌシを手伝って国づくりをした。

国づくりとは？

オホクニヌシとスクナビコナの行った国づくりとは、国土に農業や医療を広めるはたらきのこと。とくに、粟をはじめとする雑穀栽培を地上に広めた。

　さて、身体が小さいことにはきちんとわけがある。私は穀物の種を表す神だ。穀物の粒が小さいように、私も小さいのだ。しかし、たとえ小さくても、穀物は芽を出したくさんの実をつけ豊かな恵みを与えてくれる。国土の主であるオホクニヌシは農業を広めるために、穀物そのものである私をつれて、地上を作り固めたというわけだ。

　自分で見た目がパッとしないと思って萎縮していたらもったいない。見た目がパッとしなくても、自分だけの役割を見極めれば、飛躍することができるのだから。

突然海に去っていったスクナビコナ

スクナビコナは、まだ国づくりが終わっていないのに、突然粟の茎にはじかれて海の彼方の常世の国に去ってしまった。オホクニヌシが海辺で困り果てていると、また海から神がやってきて、この神、オホモノヌシと協力して、国づくりを完成させた。三輪山のオホモノヌシである。

悩み
07

Q 受験に失敗。人生負け組決定だ…

（二浪目が決まった男子）

A 一度の失敗なんてなんのその。負け続けてもチャンスはくる

回答してくれた神さまは
負けても祀られている

タケミナカタ

●**登場場所**…日本神話
●**祀られている場所**…諏訪大社（長野県諏訪市ほか）
●**逸話**…アマテラスらがオホクニヌシに地上の支配権を譲ることを求めた時、最後まで反対して、アマテラスの使者であるタケミカヅチと力比べして負けてしまった

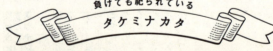

回答：神も勝負に負けて逃げ出したくなることがある

一度の失敗で人生が負け組に決まるなんてことはない。私の話をしよう。

天界の女王アマテラスさまが、ご自分の息子に地上の支配権を与えるため、地上の主であった父のオホクニヌシに国を譲ることを求めた。父は我々息子たちに意見を求め、コトシロヌシは国を譲ることに同意した。

しかし私は最後まで反対し、千人でなければ動かせないような岩を持って、使者である剣の神・タケミカヅチと力比べをした。私がタケミ

国の支配権
オホクニヌシによる国づくりが終わった時点の神話世界において、天上世界はアマテラスの支配下に、地上世界はオホクニヌシの支配下にあった。

カヅチの手をつかむと、その手が氷柱に変化し、その後、剣に変化した。これには本当に驚いたな。次にタケミカヅチが私の手をつかむと、葦の葉をつかむように握りつぶしてしまった。

こうしてあっさり負けてしまい、諏訪の地まで逃げたのだ。だから、負けてしまった時の無念さはよくわかる。

でもそれで人生が終わるなどということはない。出雲から逃げ、諏訪の地をおさめることになったが、諏訪では立派な神として祀られている。逆境に思えることが、かえって人生の転機になることもあるのだ。

タケミカヅチとタケミナカタ

この二人の神はどちらも力持ちの戦神だが、その性質は対照的である。タケミカヅチは武器を持ってアマテラスの命令に従って戦う文明的な戦神。一方タケミナカタは、武器を持たず腕力で勝負し、父オオクニヌシの命令に従わなかった、野性的な戦神だ。

悩み08

Q 憑りつかれたかと思うほど、不運が続いている…（大厄中で厄払いに行った男性）

A 桃を食べましょう。幸せな気持ちは幸運を引き寄せます

回答してくれた神さまは
厄除けの桃

オホカムズミ

●**登場場所**…日本神話
●**祀られている場所**…茂神社（徳島県阿波市）、行田八幡神社（埼玉県行田市）、桃太郎神社（愛知県犬山市）
●**逸話**…イザナキが黄泉の国の軍勢に追われていた時、黄泉と地上の境に生えていた桃の実を投げると軍勢が退散したので、桃にオホカムズミと名前をつけた

回答：神も〝桃〟で邪を払う

甘くてジューシーな桃を食べて元気を出せば、運気も上向きになりますよ。

信じられないって？

こんな話があります。

イザナキさまが黄泉の国のイザナミさまを訪ねてきた時、見てはならないと言われていたのにイザナミさまの姿を見てしまわれた。その姿があまりに醜く恐ろしかったので、イザナキさまは逃げ、イザナミさまは黄泉醜女たちに追いかけさせた。

黄泉と地上の境まで逃げてきた時、そこに生

桃について

桃は中国において魔除けの効用のある食べ物として重宝されていた。イザナキの投げた桃も中国の思想の影響を受けているものと思われる。

えていた桃の実を投げると、黄泉の軍勢は退散した。そこでイザナキさまは、桃である私にオホカムズミと名をつけてくださった。以来私は、魔除けの果物として大切にされている。

私が登場するのは神話だけではない。皆がよく知っている昔話の「桃太郎」、あの桃も、私の分身として、鬼を退け、幸運を招いている。

甘くおいしい桃を食べたら、嫌なことを忘れて幸せな気分になれるだろう。幸せな気分が不運を遠ざけ、幸運を引き寄せてくれる。

さあ、桃を食べよう！

イザナミが黄泉の国にいるワケ

イザナキとイザナミは結婚して多くの国土と神々を生んだが、火の神カグツチを生んだ時、イザナミは陰部を焼かれて死んでしまった。イザナキは死んだ妻を恋しく思い、黄泉の国まで訪ねて行った。

悩み 09

Q

子どもも巣立ち、仕事も定年。
そろそろ人生の終わりでしょうか…

（抜け殻になりそうな60代男性）

A

区切りと考えて、
違う人生を生きてみよう

回答してくれた神さまは
化身がたくさんいる神

ヴィシュヌ

●登場場所…インド神話
●祀られている場所…インド、ウッタル・プラデーシュ州ジャンシーのサルヴァトバドラ寺院、ケーララ州ティルヴァナンタプラムのパドマナバスワミ寺院
●逸話…ヒンドゥー教の三人の主神の一人。世界を維持・管理する神。10の化身を持ち、それらの化身を地上に降して生類を救う

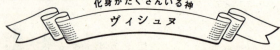

回答：神は己のいくつもの顔を知り、使いこなしている

人生とは巡り巡るもの。子どもが巣立ったところで一区切り。しかしそこで終わりと考えるのではなく、また新たな気持ちで人生をみつめなおすのだ。

私には多くの化身（アヴァターラ）がある。皆がアバターと言っているものの起源は、インドの古代語サンスクリット語のアヴァターラ、私の化身のことだよ。ある時は猪の姿になって原初の海から牙で大地をすくい上げ、またある時は小人の姿になって悪魔の王から世界を取り

ヴィシュヌのアヴァターラについて

アヴァターラとはサンスクリット語で「降下」という意味で、神が、仮に人間や動物の姿を取って地上に降臨すること、そのようにして降臨した化身を指す。インドラやシヴァなどの神々も化身を持つが、特に有名で重要なのがヴィシュヌの化身。10種の化身が考えられている。

戻し、英雄のラーマ王子として生まれて地上で悪魔を退治して活躍もした。クリシュナとして生まれて人々を導いたこともあった。

私だけでなく、人間にもいろいろな側面があって、まだ見つけられていない、まったく違う自分がいるはずだ。自分自身と対話して、それを見つけてみてはどうだろう。

そして、今までとは少しだけ違うことをするなどと、ちまちましたことを考えるのではなく、思い切って全く新しいことに挑戦するのがいいだろう。

悩み 10

Q ついつい見栄を張ってしまうクセをなおしたい

（人よりも半歩でも先にいたい30代男性）

A 気づかれていないと思っていますか？ すべて見られていますよ

回答してくれた神さまは
悪事を監視する神

ヴァルナ

●**登場場所**…インド神話
●**祀られている場所**…水天宮（全国。ヴァルナが仏教で水天とされた）
●**逸話**…インドの古い至高神。縄索を持って人々を監視する恐るべき神

回答：神は悪事に容赦ない

あなたが見栄を張っている、その瞬間を私は知っている。

私は古くから存する宇宙の支配神。マーヤー（幻力）を操り、人々の驚嘆と恐怖の対象だ。

宇宙を測量して創造したのもこの私だ。

目付けを放って人間の行為を観察している。人の心の奥を洞察し、隠された罪を暴き、欺瞞や虚言は厳しく罰する。罪あるものは縄索《じょうさく》でもって捕縛する。しかし信者には親切だ。

私はミトラと共に活動することがほとんどだ。ミトラのほうは人々に優しく親切だが、私は悪

水天とは？

ヴァルナはもともと天上世界の厳しい司法神であったが、次第に単なる水の神と考えられるようになり、仏教では水天と呼ばれるようになった。

事には容赦がない。

私はあなたの虚言を見逃さないぞ。

そしてそれは人間界でも同じ。

どこで誰が見ていて、それがどう伝わることか。見栄を張ったところで見破られる可能性のほうが高いのだ。心にとどめておくといい。


ミトラとは？

ヴァルナと不可分の一対を構成する神。名称の意味は「友愛」。その名の通り、人々に親切な神。法を司る。

悩み 11

Q 何よりもスマホのゲームが一番！ ダメ？

（デジタルネイティブ男子）

A 実際に行かないとわからないことがたくさんある

回答してくれた神さまは
あちこちで活躍した神

ヘルメス

●**登場場所**…ギリシャ神話
●**祀られている場所**…ギリシャ、アルカディア地方が崇拝の中心地だった
●**逸話**…生まれてすぐにアポロンの牛を巧妙な手段で盗み出した、盗みの天才。ゼウスのお使い神としてさまざまに活躍した

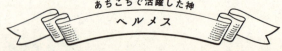

回答：神はスマホゲームより素晴らしいものがあるのを知っている

じっと動かずに画面を見つめ続けているだけなんて、私にとっては拷問のようだ。

私は生まれた時から動き回って活躍した。生まれたその日に旅に出て、オリュンポス山の麓まで行き、アポロンの牛をそうとわからないように盗んで、隠しておいた。あとからアポロンが気づいて牛を返せと言ってきたが、しらを切り通した。父のゼウスのところに行くと、父は私の盗みと知恵に大変満足されていたので、父の命令通り牛をアポロンに返し、生まれてすぐ

アポロンとは？

ゼウスとレトの息子。一般に太陽の神とされるがもとからそうであったわけではなく、デルポイにおいて重々しい神託を下す神であり、疾病の神、そして音楽の神でもある。

に発明した亀の甲羅で作った竪琴をアポロンに贈った。そしてアポロンには私に「あらゆるものを眠らせる力」を持つ杖、ケリュケイオンを与えた。こうして我々は、盗みがきっかけになって、長く変わらぬ友情を築いたのだ。
現実の世界を旅して、さまざまに活動するのは楽しいことだ。盗みはあなた方はやってはいけないよ。それは神である私の領域だ。しかしいろいろなところを旅することで、かけがえのない友を得られることもある。
造られた世界にはない攻略の楽しさが、現実世界にはたくさんあるのだ。

盗みをしたわけは？

ヘルメスの父神ゼウスは、自分の伝令役となる息子を欲しており、その息子には「泥棒と嘘つきの才能」が備わっていることを望んでいた。そこで妻の目を盗んで泥棒のようにこっそり女神マイアのもとに行き、思うとおりの息子をもうけた。ヘルメスは、生まれながらにしての泥棒なのだ。

悩み 12

Q いつまでもキレイでいたいけれど、やはり年齢には敵わないみたいで…

（「美容にいい」に弱い40代女性）

A 美の特効薬はなんといっても〝恋〟ね♥

回答してくれた神さまは
美と愛の女神

アプロディテ

●**登場場所**…ギリシャ神話
●**祀られている場所**…キュプロス島に縁が深い
●**逸話**…美と愛と豊穣の女神で、浮気性。夫はヘパイストスだが、戦の神アレスや、アドニス、人間のアンキセスなど、恋人が多い

回答：神も恋をして美しくなる

最高の美神として私は祀られています。なぜそんなにも美しいかって？　それは常に恋をしているからかしら。

私の夫は醜い鍛冶の神へパイストス。彼に満足できず、私には愛人にアレスがいました。ところがある時、アドニスの魅力の虜に。アレスが嫉妬して、猪をけしかけてアドニスを殺してしまった時は、本当に悲しかった。人間のアンキセスに熱烈に恋をしたこともあります。女神と人間の恋は許されないもの。でも私はこっそり人間の女に変身して、アンキセスとの間に子

アレスとは？
ゼウスと正妻ヘラの息子で、荒々しい戦の神。ゼウスの娘アテナも戦神だが、アテナが文明的で慈悲深いのに対し、アレスは残虐で流血を好むため、神々からも疎んじられた。

アドニスとは？
母親のスミュルナが木に変身して、その木の幹から生まれた。美の女神アプロディテと冥界の女王ペルセポネが彼の愛を争った。

をもうけました。

　この子が、トロヤの英雄アイネイアスです。トロヤ戦争で敗北した時には、我が子が無事に逃げるのを手伝いました。息子はローマに行って王国を建設し、後のローマの始祖ロムルスとレムスに至る血統を創始します。つまり、トロヤの落城がローマの創建に。

　壮大な恋の力は私の原動力。想いは女性を美しくします。ただ誰かを好きになるだけではなく、周りの人たちも幸せになれるような、そんな恋ができるといいわね。ただし、浮気は私の特権ですからね。人間たちはまねしてはダメ。

トロヤとは？

小アジア西岸の北端地域の王家。ゼウスとすばる星の一人エレクトラとの子ダルダノスを祖と仰ぐ。ゼウスの酌童となったガニュメデス、トロヤ戦争の発端となったパリス、アプロディテに愛されたアンキセスなど、美男を多く輩出している。

※以下、ゲームFGOに関連するネタバレが含まれています。ご注意ください

神様が女体化する!?

神さまや神話は、現代のさまざまな作品の中にも出てきます。『Fate Grand Order』(以下FGO)という大人気のスマホゲームでは、世界各地の英雄や神々が、それぞれ役割を変えて、ゲームの物語を進行させていきます。英雄が多いのですが、神さまもいます。たとえば、

・イシュタル(メソポタミア・豊穣の女神)
・エレシュキガル(メソポタミア・冥界の女神でイシュタルの姉)
・パールヴァティー(インド・山の神の娘でシヴァ神の妃)
・ケツァル・コアトル(メソアメリカ・人類を創り出した「羽毛のある蛇」)

などの神々が出てきます。地域も時代も全く異なる神々と英雄たちが、入り乱れて複雑な物語を形成しているところが魅力です。

これらの神々の中で、ケツァル・コアトルはもとの神話では男神ですが、ゲームでは女神の姿で現れます。

「女体化」という現象です。

神に限らず、男性の英雄も、女性の姿で現れることがあります。アーサー王や、皇帝ネロなどです。これに関しては、インドの「シャクティ」思想と根底でつながっているのではないかと思っています。

シャクティとはサンスクリット語で「(世界に遍在する)力」を意味する女性名詞です。サンスクリット語の名詞には男性・中性・女性という性別があり、「力」という名詞は女性なのです。したがって「力」の化身は女神の姿として考えられました。男神たちの力が、女神の姿を取って顕現したのです。

ヒンドゥー教の文献『女神のいさおし』(『デーヴィーマーハートミャ』、8世紀頃）では、恐るべき戦闘女神ドゥルガーがシヴァ神のシャクティとして現れ、悪魔の王マヒシャを倒します。この話では女神が男神たちをも超えた、宇宙の最高原理であるとみなされています。

ＦＧＯでは、英霊（過去の英雄や神）を召喚して使役しますが、その仕組みの中で、インドにおいてシャクティ思想として現れたものと同じ思考がはたらき、男性の英雄や男神であったものが、女性や女神となって、「力」を振るうことになったのかもしれません。女性を「力」あるものと考える思考ですね。

ＦＧＯの他にも多くのゲームで女体化現象が見られるので、シャクティ思想によって解釈してみると面白そうです。

そうだ！
あの神様に
聞いてみよう

第2章

仕事編

悩み 01

Q リーダーシップをうまく発揮できない

（初めて部下ができた30代男性）

A 自分一人でやろうとしなくてもいいのでは

回答してくれた神さまは

神のとりまとめ役

オモヒカネ

●**登場場所**…日本神話

●**祀られている場所**…秩父神社（埼玉県秩父市）、阿智神社（長野県下伊那郡阿智村）、気象神社（東京都杉並区）

●**逸話**…アマテラスが岩屋に籠もった時に知恵を発揮してお祭りを計画した知恵の神

回答：神もリーダーだからといって、先頭に立つだけではない

一人で先頭に立とうとするのではなく、縁の下の力持ち、皆のとりまとめ役に徹してみてはどうか？

アマテラスさまがスサノヲさまの暴挙に激怒して岩屋に籠もられた時、真っ暗闇になった世界を救うため、私は八百万の神々を集めて皆で相談し、お祭りを行うことにした。

イシコリドメとタマノオヤが鏡と玉を作り、アメノコヤネとフトダマが占いをし、力持ちのアメノタヂカラヲが岩屋の側に控えて立ち、ア

オモヒカネの神話での役割

日本神話の神々は、みんなで集まって物事を決めるのが上手。アマテラスの岩屋籠もりの時も、国譲りの時も、オモヒカネを中心に神々が相談して問題を解決していった。

メノウズメが踊りを踊った。こうして笑いが起こり、アマテラスさまは外に出てきてくださって、天上世界と地上世界に光りが戻ったのだ。
また、アマテラスさまが息子のアメノオシホミミさまに地上を統治させたいと考えられた「国譲り」の時も、私が神々のとりまとめ役をして、相談しながら交渉を進めたものだ。
リーダーというと先陣をきって引っ張るイメージがあるかもしれない。しかし、適材適所という言葉もあるように、部下たちの個性的な力を発揮できるよう取り計らうのも、リーダーの大切な仕事だ。

「国譲り」とはどんなことか？

オホクニヌシがスクナビコナと協力して作り固め、豊かにした地上世界。その地上世界を、天上世界の女王アマテラスが自分の息子に統治させたいと考え、使者を何度も派遣した物語が「国譲り」である。

悩み 02

Q

新しいことをしようとすると必ず邪魔が入る。これじゃやる気も出てこない

（新規部署に配属になった30代男性）

A

邪魔ではなく、行く先を見つめるための道しるべかもしれません

回答してくれた神さまは
道案内の神

サルタヒコ

●**登場場所**…日本神話
●**祀られている場所**…猿田彦神社（総本山：三重県伊勢市、全国各地）
●**逸話**…天孫ホノニニギが地上に降臨する道に立ちはだかり、道案内をした

回答：神も邪魔をしているかのような手助けをする

それは本当に「邪魔」だろうか？

あなたは今、人生の岐路に立っているのかもしれない。私が登場する神話を紹介しよう。

アマテラスさまの孫ホノニニギさまが地上を支配するために天上から地上に降ろうとしていた時、その道の、幾筋にも分かれた辻に立ちはだかった光り輝く神が私だ。

私は、上は高天原《たかまがはら》、下は葦原《あしはら》の中つ国を照らして立っていたのだが、神々の中でただ一人、アメノウズメだけが私に正面から向き合って名

神話内での天上と地上の関係

天上世界と地上世界の違いは、水田耕作、すなわち稲作の有無。天孫降臨以前は、稲は天上世界にしかなかった。それをホノニニギが地上に持って降りて広めたのだ。

前を尋ねることができた。私は名を名乗り、天孫の一行を地上へとご案内したのだ。

私は天孫の一行の邪魔をしたかったわけではない。私に名を尋ねられるほどの神がいるのならば、一行をご案内しようと思ったまでだ。

一見邪魔のように見えても、実はきわめて有力な助け手であったり、人生の転機となるような場面であることもある。アメノウズメが気後れせずに冷静に私の名を問いただしたように、落ち着いて状況を見極めてみよう。

天孫と三種の神器
天孫ホノニニギは、地上に降臨する時に「三種の神器」を携えていた。アマテラスの岩屋籠もりの時に作られた鏡と玉、そしてスサノヲが献上した剣よりなる三つの神宝だ。これは、現代の皇室にまで連綿と受け継がれている。

悩み 03

Q 強く言われるとつい受け入れてしまい、反論できません…

（入社3年目女性）

A 交渉では時に強く出ることも大切！

回答してくれた神さまは
戦いの神

タケミカヅチ

●**登場場所**…日本神話
●**祀られている場所**…鹿島神宮（茨城県鹿嶋市）、春日大社（奈良県奈良市）、石上神宮（奈良県天理市）
●**逸話**…アマテラスの使者としてオホクニヌシの前に現れて国譲りを完了させた

回答：神も交渉のために強く出る

私は剣の神、戦いの神だが、交渉ごとも得意分野だ。

アマテラスさまが地上の主であるオオクニヌシに国土の支配権を求めて二人の使者、アメノホヒとアメワカヒコを降したが、二人とも地上の居心地が良かったのか、居ついて戻ってこなかった。

そこでアマテラスさまとタカミムスヒさまは、剣の神である私を使者に選ばれた。

私は地上に降りると、剣を波間に刺し立てて、その剣先に座って力強く国譲りを求めた。その

アメノホヒとは？

アマテラスとスサノヲのウケヒの際にアマテラスの玉から生まれた息子で、国譲りの後、オオクニヌシを祀る役割を与えられ、出雲大社の神官を務める出雲臣の祖神となった。

様子に恐れをなしたのか、オホクニヌシに全権をゆだねられた息子のコトシロヌシは国を譲ることに同意したのだ。もう一人の息子タケミナカタは同意せずに力比べを求めてきたが、私はタケミナカタの手を一瞬で葦《よし》のように握りつぶしてしまった。

このように、交渉においては強く出ることが重要な局面もあるものだ。力に訴えるという意味ではなく、決意を強く持って、主張を通していくのだ。

悩み04

Q 年のせいか、現場に出たり、長時間の残業がつらくなってきた…

（中間管理職アラフィフ男性）

A 私も動けない。知恵と経験で乗り切ろう

回答してくれた神さまは

案山子の神

クエビコ

●**登場場所**…日本神話
●**祀られている場所**…久延彦神社（奈良県桜井市）
●**逸話**…海からやってきたこびとの神・スクナビコナの名を唯一知っていた、知恵の神

回答：神は動けなくても悲嘆しない

私は、案山子だ。

だから歩けない。

けれども地上で起きることはなんでも知っている。じっと世界を見渡しているからね。

地上の主であるオホクニヌシさまが海辺に出てこられた時、海から小さな神がガガイモの舟に乗ってやってきた。その神は蛾の皮を丸はぎにした衣を身につけていた。誰もその神の名を知らなかった。

ヒキガエルが、案山子のクエビコなら知っているに違いないと言った。たしかに私だけがそ

カムムスヒからの誕生

スクナビコナはあまりに小さな子どもだったので、母神カムムスヒの手の指の間からこぼれ落ちてしまったとされている。

田んぼの神としての案山子

案山子は田畑の番人であるが、春に田んぼに降りてきて、収穫後に山へ帰る作物の神そのものとみなす信仰が現代にも残されている。

の神のことを知っていた。カムムスヒの神の子で、スクナビコナという名であることを。

私によって名が明らかになったので、オオクニヌシさまはこの神と友情を結び、国土を豊かにしていく大事業、「国づくり」を開始することができたのだ。

現場を動き回ることができなくなっても、周りを見渡して状況を把握し、適切に指示を出したり助言したりすることは可能だ。自分のできる範囲で、働き方を見直していくのはどうだろう。

ヒキガエルと案山子の関係

ヒキガエルは、春に川やぬかるんだ泥土の中から出てきて、冬には冬眠し、春になるとまた現れる死と再生の象徴で、大地の生産力を表す。そのヒキガエルが作物の神である案山子を指名し、穀物の神スクナビコナの正体がはっきりした。これらは農耕の神話の反映なのだ。

悩み
05

Q 女だからって下に見られている気がする

（男性が多数を占める職場で頑張る40代女性）

A 戦うための武器と、仲間を増やしましょう

回答してくれた神さまは
勇ましく美しい戦いの女神

ドゥルガー

●**登場場所**…インド神話
●**祀られている場所**…インド・カルナータカ州アイホーレ
●**逸話**…神々の発した光から生まれ、悪魔のマヒシャを退治した

回答：神は戦うために武器を持つ

私は武器をたくさん持っています。

神々が悪魔への怒りから発した光から私が生まれたのですが、その私に神々は自分たちの持ち物である武器を与えました。１００年にもわたって戦い続け、神々が束になっても敵わなかった、悪魔のマヒシャを倒すために。

シヴァは三叉の鉾《ほこ》、クリシュナは円盤、ヴァルナは法螺貝《ほらがい》と縄索、火神は槍、風神は弓と箙《えびら》、インドラはヴァジュラ(金剛杵《こんごうしょ》)、死神ヤマは杖、工作神ヴィシュヴァカルマンは斧と鎧《よろい》、海の神は衣服と装飾品、その他多くの神々からさまざ

マヒシャとは？

神々と常に敵対しているアスラ族は悪魔と訳されることが多い。マヒシャはアスラの王である。他に、バリやプラフラーダ、スンダとウパスンダなどのアスラ王がいる。

インド神話での神と悪魔はなぜ対立？

神と悪魔は実は従兄弟で、祖父は同じ創造神ブラフマー。血が近いほど、実は争いあうものなのかもしれない。

まな武器を与えられて、私はマヒシャとその軍隊と戦いました。
一人で戦った時もあるけれど、悪魔のラクタビージャを倒す時にはカーリー女神が私を助けてくれましたし、七母神たちも助勢してくれました。
さまざまな武器（スキル）を持っていれば心強いですね。それに加えて、共に戦う女同士の仲間も、大切ですよ！

ドゥルガーは勝てたのか？

マヒシャは様々に姿を変えて戦った。水牛、ライオン、剣を持った男、巨大な象、そして水牛に戻った時、ドゥルガーに矛で首を落とされて滅びた。

悩み06

Q 思うような仕事につけません

（転職10回、現在フリーター30代男性）

A 私は自ら申し出て仕事をもらいました。まずは一つ、腰を据えてみて

回答してくれた神さまは

仕事がほしいと訴えた女神

イナンナ

●**登場場所**…メソポタミア神話

●**名前**…イナンナ（シュメル）／イシュタル（バビロニア）

●**祀られている場所**…ウルク市に聖域があった

●**逸話**…美と愛と豊穣の女神で、冥界降りの話が有名

回答：神も仕事がないと寂しい

まずは、一つの仕事に腰を据えてじっくり向き合ってみるのがいいと思うわ。仕事は工夫次第で楽しくなるもの。一度向き合ってみて、どうしても合わないと思ってから次に移ったらいい。

昔、水と知恵を司るエンキ神が世界の運命を定めた時、神々はそれぞれ担当する仕事を割り振られました。エンリルの姉妹アルルやニントゥには出産、ニサバには書記術、ナンシェには鳥や魚の管理など。

みんなに仕事が与えられたのに、私には何も

メソポタミア神話とは？
メソポタミア地域では、系統不明のシュメル人の神話が、後からやってきたセム語族の人々に受容された。

割り振られなかったのです。それを訴え出たところ、私には「女性の魅力と話術、戦場で卜占《ぼくせん》によって吉凶を占う術」が与えられることになりました。

神々の世界にも、仕事があって、それがないと寂しいものです。人も神も何かをするために生まれてきて、生きているのです。でもそれが何かを知るためには、長い道のりが必要です。

だからこそまずは、働いたところで面白さを探してみること。合う仕事がないと思っているだけでは、自分に向いている仕事も見逃してしまいます。

神話に出てくるイナンナ

イナンナに関しては冥界降りの話が有名。豪華な衣装と装身具を身にまとって冥界に行くが、門番のところで次々と衣装や装身具を奪われ、冥界の女王エレシュキガルのもとについた時には全裸の無防備な姿となっていた。

悩み07

Q 仕上げる仕事は完ぺきなのに、怒られてばかり

（いつも納期に間に合わない30代男性）

A 7割くらいでどう？私が完ぺき主義だったら、人間は存在していなかったわね

回答してくれた神さまは

人間創造で手抜きした女神

女媧《じょか》

●**登場場所**…中国神話

●**祀られている場所**…武梁祠などの石室に姿が描かれている（武氏墓群石刻）

●**逸話**…土や泥で人間を創造した女神

回答：神も完璧な仕事をするわけではありません

私は人間を造り出したけど、完璧にはできなかったわ。

天地ができあがった時、まだ人間はいませんでした。そこで私ははじめ、土を手でこねて一人ひとり人間を造っていました。

けれどもこの仕事はなかなかの重労働。休まず続けても思うように進みません。

そこで私は泥の中に縄をひたし、それを引き上げて滴った泥から人間を造りました。

結局、最初に一人ずつ土をこねて造った人間

古代中国神話について

中国の神話は、様々な文献に断片的にしか残されておらず、その数も少ない。しかしたとえば原初の巨人・盤古の話など、重要なものが含まれている。

は高貴な人になり、そのあと縄から滴った土で造った人間は凡庸な人になりました。

それでも、人間が造られたというだけで、すごいことでしょう？　一人ずつ土をこねていたら、永遠に人類はできあがらなかったわ。

そういうことなので、完璧を目指すと、物事はなかなか完成しないもの。少し質は落ちても、それはあとから取り戻すこともできる。とにかく全体の形を作ってしまうために、まずは7割主義くらいを目指すといいわね。

神話での女媧の役割
女媧のもう一つの役割は、天地を補修したこと。天空が割れて世界が危機に陥った時に、女媧が天空を補修し、洪水も止めて世界を安定させる役割を果たした。

悩み 08

Q ＩＴのような将来の可能性がある仕事についたほうがいいのでしょうか？

（実家の町工場の技術に誇りはあるが不安もある20代男性）

A 技術の複合を図ってみては？ 唯一の技術は武器になる

回答してくれた神さまは
神々がマネできない技術を持つ鍛冶の神
ヘパイストス

●**登場場所**…ギリシャ神話
●**祀られている場所**…小アジア、レムノス島、シチリア島などの火山帯で崇拝されていた
●**逸話**…技術の力で自分を捨てた母神ヘラに復讐した

回答：神も常に技術の進化を目指している

私は醜く脚の悪い、容姿の冴えない神だが、私の技術はどんな神々もまねできぬ、素晴らしいもので、天界においても常に最先端だ。

どこでこのような技術を身に付けたかというと…。私の母は神々の女王ヘラ。母が一人で産みだしたのが私だ。しかし私はこのとおりの容姿だったので、母は恥じて私を天界の高みから放り投げた。うまい具合に海に落ちて命は助かり、海の女神のテティスとエウリュノメが私を育ててくれた。海底の洞窟で私は鍛冶の技術を習得した。

ヘパイストスが生み出した逸品たち―1

ヘパイストスの作品はさまざま。英雄アキレウスの武具のほか、ロボットのような人形、決して突き破られない鎧など。

そこで、ヘラに復讐しようと、仕掛けを施した立派な玉座を作って贈った。母がそれに座ると身動きできなくなり、神々が集まってなんとか引き離そうとしたが、誰にも解くことはできなかった。神々は私を呼び、ヘラの束縛を解かせ、私をオリュンポスの神々の仲間に入れさせたのだ。

私の技術が神々にも解けない不思議な魔法のようなものであったように、人間にとっても、技術というものは伝統を踏まえつつも常に最先端を目指すものだ。古いものと新しいものの融合。そこに革新の芽がある。

ヘパイストスが生み出した逸品たち——2

ヘパイストスが制作していた宝物として、黄金の車輪のついた20の鼎《かなえ》がある。自分の屋敷の広間から、神々の会議の席に一人で行かせ、また還ってこさせるという仕組みだ。

悩み 09

Q 接待が苦行。何を話せばいいのか分からず、会話が続かない

（製造部から営業部に異動になった30代男性）

A 心がこもっていれば、黙っていてもよい

回答してくれた神さまは
接待で寿命を延ばした星の神

北斗星・南斗星

●**登場場所**…中国神話
●**祀られている場所**…不明
●**逸話**…接待を受けて少年の寿命を延ばしてやった生死を司る星の神

回答：神も接待で良い気持ちになるが、賑やかなのがいいわけではない

私は南斗星。接待では、黙っていたほうがいいこともあるぞ。ある少年の話をしよう。

管輅という物知りの男から、寿命が19前後と定められていることを聞いた少年とその父。管輅に教えられて、翌日少年が一人で酒と肴を持って私たちのところにやってきた。私は北斗星と桑の木の下で碁を打っていた。これはただの遊びではない。碁盤は世界そのものであり、黒と白の碁石は陰と陽の気であり、碁石の展開は天体の運行と人間の運命を表す。碁を打ち、「世

南斗星、北斗星とは？

北斗星は死を司り、南斗星は生を司る。人間が生まれるためには、南斗が北斗に願いにいくのだという。

界」を動かしていたのだ。

そこに現れた少年は黙って給仕をした。酒を注ぎ、肴を差し出し、酒がなくなったらまた注ぐ。そうこうしているうちに碁が終わり、北斗星がようやく少年の存在に気づいた。私はずっとこの少年からごちそうになったのだからと、北斗星に頼んで寿命を管理する帳面に上下を逆にする符号を加え、19歳を91歳まで生かすことにした。

このように、黙ってその場の雰囲気を楽しむほうがいいこともある。その気持ちは相手へ伝わり、くつろいで楽しめるだろうから。

沖縄にも伝わった「生死を司る星」

北斗星と南斗星が子どもの寿命を延ばしてやる話は、そっくりな形で沖縄に伝わっている。賢人にあなたの寿命は8歳までと言われた子どもが、山の中で囲碁をする二人の老人にごちそうを持って行き、88歳にしてもらったという話だ。

第3章 人間関係編

そうだ！
あの神様に
聞いてみよう

悩み 01

Q 学校でいじめられていて…

（転校先でなじめない10代男子）

A 追いかけてこられないところまで逃げましょう

回答してくれた神さまは
兄にいじめられて逃げた神
オホクニヌシ

●登場場所…日本神話
●祀られている場所…出雲大社（島根県出雲市）、大國魂神社（東京都府中市）、出雲大神宮（京都府亀岡市）
●逸話…因幡の白兎、国づくりなどの逸話があり、最終的に妻スセリビメとともに鎮座している

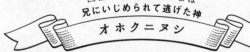

回答：神もいじめられたら逃げる

いじめからはとにかく逃げてくれ。自分を守ることを第一に考えよう。

私もいじめられていた。因幡《いなば》のヤガミヒメが私を夫に選んだことを根に持った兄の八十神たちが、私を森に誘い、猪に似せた焼け石に抱きつかせて私を殺した。しかし貝の女神たちの力でよみがえった。ところがまた八十神たちは私を殺そうと木の幹の中に私を閉じ込め、圧死させた。今度は母のサシクニワカヒメが私を生き返らせてくれた。このままではまた殺されてしまうと、根の国のスサノヲさまのところへ。

貝の女神とは？

オホクニヌシを助けた貝の女神は、赤貝のキサカヒヒメと、蛤《はまぐり》のウムカヒヒメ。その身体から母乳のような汁を出して治療した。貝の汁が母乳を連想させたのだろう。

そこでスサノヲさまの娘スセリビメと出会い恋に落ちて結婚したが、スサノヲさまは気に入らないのか試練を課した。蛇の部屋や蜂とムカデの部屋で寝かされたり、野焼きにあったり。試練を乗り越え、スセリビメを背負って根の国から地上に帰った。スサノヲさまもそんな私を祝福してくれた。

逃げるのは決して恥でも悪いことでもない。逃げた先で自分を成長させる出来事にであうこともあろう。世界は広く、多くの可能性に満ちている。小さな世界に引きこもらず、新しい可能性を切り開いてくれ。

オオクニヌシの広い世界

根の国から地上に帰ってくると、オホクニヌシは自分をいじめた八十神を成敗し、地上の支配者となり、スクナビコナと協力して地上世界を豊かにする役割を果たした。

悩み02

Q 人間関係がうまくいかず、孤立してしまいます（大学デビューに失敗した20代男子）

A 酒の力を借りてみては？私の作った酒でスサノヲさまはヤマタノヲロチを退治なさった

回答してくれた神さまは
怪物退治に酒の力を借りた山の神
アシナヅチ

●**登場場所**…日本神話
●**祀られている場所**…足長神社（長野県諏訪市）
●**逸話**…スサノヲのヤマタノヲロチ退治を助けるため酒を醸した

回答：神も酒の力を借りることがある

人間関係の潤滑剤には酒が有効だ。酒の力を借りる神話を紹介しよう。

私と妻のテナヅチには八人の娘がいたが、そのうち七人が、ヤマタノヲロチという巨大な蛇の化け物の犠牲となり死んでしまった。最後に残った八番目の娘クシナダヒメも犠牲になりかけたが、スサノヲさまが現れて、娘を妻にするのと引き換えにヤマタノヲロチを退治すると言ってくださった。スサノヲさまはアマテラスさまの弟君。喜んで娘を妻に差し上げると申し上げた。すると、私たちに濃い酒を醸すように命

アシナヅチとその妻はどんな神さま？

二人とも山の神オホヤマツミの子どもで、やはり山の神。ヤマタノヲロチも山を表すが、アシナヅチ・テナヅチが文化的な山の神であるのに対し、ヲロチは猛威を振るう自然の山を表している。

じられたのです。

　その酒をヲロチがやってくるところに準備させると、ヲロチは八つの頭のそれぞれで酒を飲んで酔って寝てしまい、スサノヲさまが剣で切り裂いて退治された。ヲロチの尻尾からは草薙《くさなぎ》の剣という立派な剣が出てきて、スサノヲさまは天上のアマテラスさまに献上したのだ。

　私たちは怪物を退治するために酒の力を借りたが、酒の効用はそれだけにとどまらない。普段は関係の薄い人同士を結びつけるなどの力を持つのが酒だ。酒席を設けて人間関係を深めてみるといいだろう。

神話での酒の役割

酒の話といえば、北欧ゲルマンに「詩人の蜜酒」がある。それを飲めばだれでも詩人になれるというもの。詩人とは単に詩を朗唱するだけでなく、その力は魔術的なものと考えられていた。最高神オージンが巨人からこの蜜酒を盗み、神々のもとにもたらした。

悩み
03

Q 人に頼るなんて、負けた気がしてできない

（衝突や失敗も多いが大の負けず嫌い20代男性）

A 私ですら、神頼みをするくらいだが？

回答してくれた神さまは
神に神頼みをする神

インドラ

●**登場場所**…インド神話
●**祀られている場所**…柴又帝釈天［経栄山題経寺］（東京都葛飾区）
●**逸話**…悪竜ヴリトラを退治する神。しばしばヴィシュヌに助力を請う

回答：神も〝神頼み〟をするものだ

　他人に頼ることは決して「負ける」ことではない。私は「神々の王」の称号を持つが、私でさえ他の神々に頼みごとをしたり助力を求めることはある。

　たとえば、かつてヴリトラという蛇の怪物を退治した時。

　ヴリトラと私は互角で、どんなに戦っても決着がつかなかった。そこで仲の良いヴィシュヌ神に助言を求めた。すると、まずヴリトラと和平を結び、そのあと平和条約の裏をかいてヴリトラを退治すればよいと言った。ヴリトラの提

インドラ＝「神々の王」とは

インドラの称号は「神々の王」だが、後に「インドラ」という神の固有名詞が、「神々の王」という一般名詞として用いられるようになった。「王」というと一番偉いようであるが、ヒンドゥー教の三大主神、ブラフマー、ヴィシュヌ、シヴァに比べてその地位は低い。

示した和平の条件は、「乾いたもの、湿ったもの、岩や木、兵器、インドラのヴァジュラによって、昼も夜も、神々は私を殺してはならない」というう抜け目のないものだった。ある時、海辺にヴリトラがいるのを見た。ちょうど明け方で昼でも夜でもなかった。私がヴィシュヌを思い起こすと、ヴィシュヌは泡となって海の上に現れた。乾いても湿ってもいないその泡をヴリトラに投じて、私は勝利をおさめた。

このように「神々の王」である私も、他の神に助力や助言を求めて目的を達成した。いわんや人間をや。

ヴリトラとはどんな怪物?

インドラの宿敵ヴリトラはコブラの怪物。蛇類の怪物は神話において多くの場合、原初の時の混沌を表す。インドラは混沌の怪物を退治して、世界に秩序をもたらしたのだ。

悩み
04

Q

友達が少ないのが恥ずかしい…

（中学に入ってからグループの目が気になる10代女子）

A

一人でも親友がいれば十分。私にはアルジュナだけ

回答してくれた神さまは
唯一無二の親友がいる

クリシュナ

●**登場場所**…インド神話
●**祀られている場所**…インド、ウッタルプラデーシュ州ブリンダーヴァン
●**逸話**…『マハーバーラタ』の大戦争でアルジュナの戦車の御者として彼を導いた

回答：神は〝運命の友〟がいればそれでいい

一人でも大切な親友がいれば、それで十分だ。私はヴィシュヌの化身として地上に現れた神、クリシュナだ。私にはアルジュナという無二の親友がいる。私とアルジュナはナーラーヤナとナラと呼ばれる一対の聖仙で、何度も生まれ変わりながら、いつの世に生まれ変わっても必ず出会い、友情を築いてきた。

運命の友だ。

ある時、大戦争を控えたアルジュナと、彼の敵であるドゥルヨーダナ、それぞれから助力を請われたので、「私の大勢の軍隊か、戦わない

バガヴァッド・ギーターとは？

ヒンドゥー教の聖典。親族同士の戦争を目前に戦意を喪失したアルジュナに、クリシュナが説いたものが独立して聖典とされたもの。

クリシュナとはどんな神？

クリシュナは複雑な背景を持っており、「人間クリシュナ」としての側面と、「神クリシュナ」としての側面がある。『マハーバーラタ』の英雄として活躍し、そして死んだ、「人間クリシュナ」。ヴィシュヌ神の化身として

私一人か」という選択肢を示した。ドゥルヨーダナは軍隊を、アルジュナは私を選んだ。私は戦争で戦わない誓いを立てていた。しかしアルジュナの戦車の御者となり、彼が戦意を喪失した時には宇宙の真理を説いて説得もした。これが後に『バガヴァッド・ギーター』として伝わっている。私はさまざまな戦略を授けてアルジュナたちの軍勢に勝利をもたらした。

一人の親友の大切さが、何度も生まれ変わりながら友情を築いた私たちからわかるだろう。それを想うと、見栄を張って多くの友人を作る必要などどこにもないのだ。

無比の力を持つ「神クリシュナ」。アルジュナとの友情はその両方の側面にまたがる。

アルジュナとは？

『マハーバーラタ』の主役の5兄弟を「パーンダヴァ5兄弟」といい、アルジュナはその三男。父はインドラ神、母は人間のクンティー妃。『マハーバーラタ』随一の英雄で、弓矢の術に優れている。

悩み 05

Q 人の名前がなかなか覚えられません

（新社会人20代女性）

A 名前は魔力の宿るもの。覚えることでその人と深いつながりを持つことができます

回答してくれた神さまは

魔術を操る女神

イシス

●登場場所…エジプト神話

●祀られている場所…エジプト南部、アスワン近郊のフィラエ神殿で祀られていた

●逸話…夫のオシリスが悪神セトに殺された時に魔術の力で復活させた

回答：神は名に自身の力を持たせる。名前はそれほど大切なもの

名前とは、とても大切なものです。その大切さを知れば、人の名前を忘れることなどできなくなりますよ。

私はイシス、魔術を操る女神です。ある時私は、太陽神ラーの力を得るために、真の名を手に入れようと企てました。私はラーの涎《よだれ》と土を混ぜて蛇を作り、それにラーを噛みつかせたのです。蛇の毒が回り、ラーは大変苦しみました。私は彼を癒やしてあげるかわりに、ラーの真の名を得たいと提案しました。ラーはあまりの苦

太陽神ラーとは？
創世の神であり、自分が創造した世界を支配する神。はじめは地上から国土を支配していたが、人民の反乱にあい、厳しい討伐をしてのち、天に昇った。

しから承諾し、真の名を告げました。これによってラーの力を得た私はさらに強力な魔術師に。その強力な魔力は、死者の魂をもよみがえらせました。私は悪神セトに殺された夫のオシリスを魔術によって蘇らせ、その後夫は冥界の王となりました。

名前をただの記号だとは思わず、その人の本質を表す魔力のこもったものであると考えると、覚えられるのではないかしら。そして一度覚えてしまえば、忘れる気にもなれないはず。その名前の持ち主との大切なつながりを象徴するもの、それこそが名前なのだから。

イシスの神話での役割とは?

イシスはオシリスの妻で、妹でもある。どちらも天空の女神ヌトと大地の神ゲブから生まれた。殺害されたオシリスの遺体を探し求め、取り戻し、蘇生させて子どもをもうけた。子どもの名はホルス。その後オシリスは冥界の支配者となった。

悩み06

Q

自慢ばかりする友人。本当は聞きたくないけど、言えない

（聞き上手とよく言われる20代女性）

A

傲慢、自慢は神々が最も嫌うこと

回答してくれた神さまは

正義の女神

アテナ

●**登場場所**…ギリシャ神話
●**祀られている場所**…ギリシャ、アテネのパルテノン神殿に祀られていた
●**逸話**…最高神ゼウスの額から誕生した知恵と正義の女神

回答：神は自慢、傲慢に容赦ない

私は誰とも結婚しない処女の神で、女性の手仕事を管轄しています。

ある時、アラクネという少女が、機織りの技を自慢したことがありました。人々が、アラクネの機織りの技はアテナに授けられたものに違いない、と言うと、アラクネはそれを否定し、自らの技は女神アテナにもひけを取らないと豪語しました。私は老婆に姿を変え、アラクネを諭そうとしましたが、彼女はますます増長し、機織りの技を比べるためにアテナを連れてこいとまで言ったのです。私は姿を現し、機織りの

神話のアテナ

アテナは父神ゼウスがひとりで生み出した「最高の女神」。ゼウスの知恵の座である額から誕生した。それゆえ、知恵の女神でもある。

競技をはじめました。

ところがアラクネは、私の父神ゼウスの浮気の様子を織物に織り込んで神々の侮辱を続けたのです。私はもはや見過ごすことはできず、機織りの道具の杼《ひ》でアラクネの頭を打ちました。するとアラクネは首を吊って自殺しようとしたので、哀れみから彼女を蜘蛛に変えてやりました。アラクネは今でも蜘蛛の姿で精巧な織物を織っています。

自慢、傲慢は神々が最も嫌うものであり、それらにはアラクネのように悲惨な結末がまっています。くれぐれも慎むように。

アテナはどんな織物を織ったか？

アテナが織ったのは、海の神ポセイドンとアテナイの地の守護神の座をかけて争った時の様子。ポセイドンが三叉の鉾で岩を打って塩水を湧き出させると、アテナは槍で地面をついてオリーブの木を生え出でさせた。

悩み07

Q 上司がお酒の席で下ネタを連発。時には体を触ることも。でもクビが怖くて…（セクハラを強く言えない20代女性）

A 私は沐浴中の姿を男に見られて激怒したわ。セクハラ男に負けてはなりません！

回答してくれた神さまは
狩りの女神で処女神

アルテミス

●**登場場所**…ギリシャ神話
●**祀られている場所**…トルコ・エペソスのアルテミス神殿
●**逸話**…ギリシャ神話の三人の処女神のひとりで、お供のニンフたちにも厳しく処女を守らせる

回答：神はセクハラを断じて許さない

セクハラを許してはなりません。私はギリシャの三人の処女神の一人。生涯独身を誓い、森でニンフの乙女たちを従えて、狩りを楽しむ日々を送っています。

ある時、私が好んで立ち寄るキタイロン山中の洞窟にアクタイオンが現れました。彼は半人半馬のケンタウロス族のケイロンから教育を受けた英雄の一人で、名高い狩人でした。

彼が洞窟で冷たい水に身を浸し、喉の乾きを潤そうとしたちょうどその時、一糸まとわぬ姿で私が入浴していたのです。私は恥じらい、怒

アルテミスと狩猟

アルテミスは一般に月の女神とされているが、古くからそうであったのではなく、もとは狩りの女神として、森の動物たちを司る女神であった。そして処女神ながら、意外にもお産を司る神でもある。

り、叫びました。「よくも見たな！　このアルテミスの裸身を見たと、吹聴したければするがよい！　そうできるのなら！」。私はアクタイオンを鹿の姿に変え、彼が連れていた50頭の猟犬をけしかけ、鹿のアクタイオンを八つ裂きにさせて殺させました。

人間の女性はここまでしてはなりません。ですが自分の身体と性を大切にすることに関しては私を見習ってほしいわ。セクハラ男をのさばらせているような組織そのものを変えるつもりで強く抗議なさい。

神話のアルテミス

アルテミスは、子だくさんを自慢したニオベという女を罰したこともある。ニオベの男女7人ずつとも言われる子どもたちの、男の子はアポロンが、女の子はアルテミスが、それぞれ弓で射殺した。ニオベは悲しみのあまり石になった。

悩み 08

Q なぜ社長の俺が言うのに、みな反対ばかりするのだろう？

（ベンチャー企業社長30代男性）

A 地位、名誉、権威。人が屈する武器を持っていても慢心していると痛い目をみる

回答してくれた神さまは
太陽神
ラー

●**登場場所**…エジプト神話
●**祀られている場所**…エジプト・ヘリオポリス
●**逸話**…太陽神で人々を監視する王だがしばしば反乱にあう。老いて天界に去った

回答：神も慢心するとそっぽを向かれる

私は絶対の力を持つ王であったが、老いて弱ると人々の反乱にあった。過去の私の弾圧が、反乱を招いたのだ。

かつて私は太陽の神として地上で人々を統《す》べていた。若かった頃、私の統治は堅固だった。日の出とともにベンベンの館から出て人民を監視し、反逆を起こす人間もいたが、私の力は絶大だった。しかしいつしか私は涎をたらした老神となった。

そうなると人々の反逆を抑えるのも一苦労だった。人々はそれを知って反乱を企てた。私は

神も老いるのか?

意外に神も老いるとされることもある。ゲルマンの神話では不老のリンゴを女神イズンが守っており、イズンが巨人に誘拐されると、リンゴを世話する女神がいなくなったので神々は老いてしまった。

鎮圧のため、女神ハトホルを派遣した。ハトホルはライオンの姿のセクメトに化身し、人間たちの大殺戮を行った。これ以上続けると地上に生きるものがいなくなると判断した私は、血に似せた赤い色素を混ぜたビールを地面に撒いた。ハトホルはそれを飲んで酩酊して殺戮をやめた。私は戦いに疲れ、地上から引退することにした。

　力に慢心すると弱ったところを狙って反乱を起こされる。地位や権力を笠に着て部下たちに偉そうにしてはならない。ましてや人間たちは我々神とは違うのだ。一層謙虚にならねばならないぞ。

ラーの毎日の旅

ラーは船に乗って旅をするが、この航海は常に危険にさらされている。というのも、宿敵である蛇のアペプがラーを狙っているからだ。毎日太陽が昇るのは、ラーがアペプとの戦いに毎回勝つからだ。

『進撃の巨人』のユミルとは

※以下、『進撃の巨人』に関する重要なネタバレが含まれています。ご注意ください。

アニメ化、実写化もされた、諫山創の漫画『進撃の巨人』。ここにも神話の影響が見られます。

『進撃の巨人』には「ユミル」という登場人物がいるのですが、これはゲルマン神話の原初の巨人・ユミルに由来するものと思われます。

神話のユミルは世界の最初の時に存在していた巨人で、若い世代の神々であるオージンとヴィリとヴェーに殺害されました。そしてユミルの死体から、天地や樹木、岩石など世界の諸要素が作られました。その後、オージンが世界の支配者となりました。

さて、『進撃の巨人』では、ユミルという登場人物が、人間であり、かつ巨人に変身できるという設定になっています。「巨人」というキーワードが神話と共通して表れています。また、漫画の中で「ユミル」は不思議な印象を与える使われ方をされる場面があり、ある巨人が、人間の女性を見て「ユミルさま…」と声を発するのです。通常巨人は発話しないことになっているのにもかかわらず、です。

『進撃の巨人』の基本設定では、巨人に支配された世界の中で、人類は「壁」の中にこぢんまりと暮らしています。壁の外は総じて巨人の徘徊する世界です。その「壁」について、ある場面で重要な解明がなされるのですが、それによると「壁」は「巨人」が硬化してできている、というのです。

人々は「巨人」の「中」で暮らしている。

この観念は、神話において世界が「巨人」の死体から作られ、その「中」で我々人類が生きている、という観念につながるように思えてなりません。とても、怖い。

現代のさまざまな作品に現れる神さまや神話。神話の命脈の強さを感じさせます。おそらく人間というのは、神話という物語なくしては生きていけない、そういう存在かもしれないと思うのです。世界中の人々が、それぞれの神話を生きている。現代でも。

だから、古い神話が断片的に現代のさまざまな媒体に表れ出てきて、過去と現在を合わせた新たな神話が再創造されていく。それがゲームであったり、漫画であったりするのです。

そうだ！
あの神様に
聞いてみよう

第4章

恋愛・結婚編

悩み 01

Q

なかなかプロポーズしてくれない彼。いっそ自分から詰め寄ったほうがいい？

（付き合って10年になる彼がいるアラサー女性）

A

古来から男女には〝順序〟があります。男性からのプロポーズを待ちましょう

回答してくれた神さまは
逆プロポーズで失敗した女神
イザナミ

●**登場場所**…日本神話
●**祀られている場所**…比婆山久米神社（島根県安来市）、花窟神社（三重県熊野市）
●**逸話**…イザナキと結婚する時に先に褒め言葉を発したので失敗した

回答：神も焦ると失敗します

じっくり腰を据えて、男性からのプロポーズを待つことをおすすめします。そんな価値観、古くさい！　と思われるかもしれませんが、正真正銘、私は古い女神ですからね。

私とイザナキは、世界で最初の島、オノゴロ島に降りてアメノミハシラを建てて、その周りを回って結婚することに。イザナキは左から、私は右からまわって、出会ったところでまず私が「あなたはなんて素敵な男性なんでしょう」と言い、それを受けてイザナキが「あなたはなんて可愛い乙女なんだろう」とお互いを褒め合

そもそもイザナミ・イザナキとは？

世界の最初の時に生まれた夫婦の神。兄妹でもある。イザナキは天空の神、イザナミは大地の女神であるとされる。このように対の神で、男の神が天、女神が大地であるものを「天父地母型」という。

って結婚しました。ところが最初の子どもはできそこないのヒルコでした。

天の神々に相談すると、女である私が先に褒め言葉を発したのが良くなかったと言われました。私たちはオノゴロ島に戻り、結婚のやり直しをすると、国土と神々が次々に生まれました。

男性が先に女性を褒め、女性が受けて言葉を返す、という順序は、私たちの前に生まれたオモダルとアヤカシコネが作り出した大切な順番です。

いたずらに男性をせかしても、うまくいかないのです。

ヒルコとは？

『古事記』や『日本書紀』の神話では、ヒルコが流されたあとのことは語られていない。しかし後の伝承では、西宮にたどり着き、西宮神社の祭神となったとされる。

悩み 02

Q 夫が母親にべったりなんです
（結婚後、夫のマザコンに気づいた20代女性）

A オレも
母親が恋しくて…。
冥界まで
行っちゃったよ

回答してくれた神さまは
マザコンの英雄神
スサノヲ

●登場場所…日本神話
●祀られている場所…八坂神社（京都府京都市）、須佐神社（島根県出雲市）、氷川神社（埼玉県さいたま市）
●逸話…大人になっても母を慕って泣きわめいた筋金入りのマザコンだが、ヤマタノヲロチを退治した立派な英雄神でもある

回答：神にもマザコンのものがいます

私は、生まれた時から黄泉の国の母イザナミを慕って泣きわめいていた神だ。だから、マザコン夫の気持ちはよくわかる。

母を慕って大人になっても泣きわめいていた私を、父のイザナキは追放した。そこで、母のいる黄泉の国に行く前に、姉のアマテラスに一言あいさつをしようと、天上世界である高天原に向かって昇っていった。ところがその様子があまりに騒々しかったため、姉は私が高天原を侵略しようとしたものと思い、武装して出迎えられた。私たちはウケヒという約束事のもとで

ウケヒは何のため？

スサノヲの心の潔白を証明するために、アマテラスと物を交換することで子どもを生みあい、その子どもの性別によって判断する。「誓約」と書いてウケヒと読む。

子どもを生み合い、女の子が生まれたことで私の心の潔白が証明された。

今思えば、私の母を慕う気持ちは姉にも向かったのだ。姉を母親の代理のようにみなして少し甘えてしまったのだな。その後、地上でヤマタノヲロチという怪物を退治したのち、私は最終的に黄泉の国の主となって黄泉の母と一体化したのだ。

私は、日本男児の原型だというらしいぞ。日本の男は皆、このスサノヲのマザコン的な資質を持っているのだな。母を大切にすることは悪いことではない。多めに見てほしい。

黄泉の国の母と一体化とはどういうこと？

スサノヲは黄泉の国の主となったが、そこは同時にイザナミの支配する場所だ。そこで、スサノヲとイザナミが黄泉において一体化したという解釈が成り立つ。

悩み03

Q 彼女がほしい！ 彼女がほしい！ 彼女がほしい!!

（彼女いない歴25年男性）

A まずは女性をさりげなく褒めてみよう

回答してくれた神さまは
女性の容姿を褒める神

オモダル

●**登場場所**…日本神話
●**祀られている場所**…第六天神社（関東地方）
●**逸話**…世界の最初の時に生まれた七組の神々の六組目の男神

回答：神も女性を褒めることで相手と結ばれます

私は、原初の時に生まれた神だ。私の名前「オモダル」とは、私の対の神として生まれた女神アヤカシコネへの褒め言葉、「あなたの容貌（オモ）は整っていて美しい（足《タ》ル）」が神格化したものなのだ。

だから、私こそは「褒める神」。私のこの言葉にアヤカシコネが「まあなんて恐れ多いこと」と返事をした。その言葉が神格化したものがアヤカシコネだ。

「男神が褒めて、女神がそれに応える」という

神話での原初とは？
神話は、原初の時、世界ができあがっていく時のことを語る。創世神話だ。世界ははじめ、混沌、カオスであったと語られることが多い。

この順番は、世界の始まりの時からの決まりごとだ。順番を間違えてはいけない。私たちのあとに生まれたイザナキとイザナミは、結婚の時に女神のイザナミから男神イザナキを褒める言葉を発したので、生まれてきた子は脚が不自由なヒルコだった。男尊女卑などではない。原初の時の「褒める順番」、これは宇宙の決まりごとなのだ。

そういうわけだから、まずは照れながらでもいいから、意中の女性の素敵なところをたくさん褒めてあげるといい。言葉にしないと伝わらないことも多いものだから。

オモダルとアヤカシコネの神話での役割

オモダルとアヤカシコネの直前に生まれたのが「オホトノヂ」と「オホトノベ」といって、それぞれ男性の生殖器と、女性の生殖器の神格化されたものだ。男女の性が発生し、その次に男女の会話が発生し（「オモダル」と「アヤカシコネ」）、そして世界を生み出すイザナキとイザナミが生まれてくることになる。

悩み 04

Q いいなと思う人がいても、いつも先を越されてしまってうまくいきません

（毎回、告白する前に恋が終わる20代男性）

A あなたの誠実な人柄は必ず伝わります

回答してくれた神さまは
結婚の成就を予祝

因幡の白兎

●登場場所…日本神話
●祀られている場所…白兎神社（鳥取県鳥取市）
●逸話…オオクニヌシに助けられたウサギ神

回答：神も最後に笑うのは〝正しいもの〟なのです

私は兎神で、オホクニヌシさまという誠実な神さまに助けていただいたことがあります。

それは隠岐の島から気多の岬まで渡った時。海にいるワニたちをだまして一列に並ばせて、背中を踏んで海を渡りましたが、あと一歩というところで「おまえたちはだまされたのだよ」と言ってしまい、怒ったワニに毛皮を剥がれてしまいました。

痛がって泣いていると、オホクニヌシさまの兄神たちが通りかかり、わざと間違った治療法

日本にワニ？

日本神話にはしばしば「ワニ」なる生き物がでてくる。ところが日本には「鰐」は生息していない。そこで日本神話における「ワニ」とは何か、研究が積み重ねられてきた。現在、サメであるとする説が有力だが、やはり鰐であるとする説もある。

を教えました。その通りに塩を傷口にすりこんで傷が悪化したところにオホクニヌシさまがやってきて、正しい治療方法を教えてくれました。蒲《がま》の花粉の上に寝っ転がると、毛皮はすっかり元通りになりました。

オホクニヌシさまと兄神たちは因幡のヤガミヒメのところに求婚に行くところでした。そこで私はオホクニヌシさまを祝福し、ヤガミヒメと結婚できるでしょうと予言を授けました。目立たなくても誠実さはきちんと誰かが見ているもの。あなたの善行もやがてオホクニヌシさまのように実を結ぶことでしょう。

悩み05

Q 気になる人がいますが、接点がなく、どうしたらいいものか迷っています

（通学時間がドキドキ時間に変わった10代女子）

A 友達に探りを入れてもらうといいわよ

回答してくれた神さまは
一目ぼれで結婚した女神

トヨタマビメ

●**登場場所**…日本神話
●**祀られている場所**…豊玉姫神社（鹿児島県南九州市、千葉県香取市など）
●**逸話**…海底の宮殿にやってきたホヲリに一目惚れして結婚した海の神の娘

回答：神も〝協力者〟と恋を叶えます

殿方がどんな方か見極めるためには、女友達に力になってもらうのが一番です。

海底の宮殿にホヲリさまがやってきた時、私の侍女が器を持って泉に水を汲みに行き、ホヲリさまを見つけました。

ホヲリさまはその器に、ご自分の身につけていた玉の装飾品を口に含んで吐き出しました。するとと器と玉がくっついて離れなくなったので、侍女はそれを持って私のところに戻ってきました。

今思うとこの不思議なできごとは、私たちの

ホヲリは何をしていたか？

海神の宮殿にやってきた時、ホヲリは泉の側の桂の木の上にのぼって、トヨタマビメの侍女が来るのをじっと待っていた。

結婚を予告していたのですね…。

私は自ら泉のところに行き、ホヲリさまを見つけ、一目惚れして結婚しました。

私がすぐに結婚を決断できたのは、侍女があらかじめホヲリさまを見て、その不思議なできごとを伝えてくれていたから。ですので、女友達に一肌脱いでもらって、その人がどんな人か、教えてもらうといいわ。

それから、恋人や家族以外の人に対する態度には、その人の本質が表れることもありますよ。ですから、その点も友達に観察してもらうといいですね。


器と玉とは？

器は神話において多く「子宮」を象徴する。一方、日本神話において「玉」は生産性の象徴だ。トヨタマビメの「子宮」を象徴する器に、ホヲリの生殖力を暗示する「玉」がくっついて離れなくなったのだから、このできごとは、かなり直接的に両者の性的結合を暗示している。

悩み
06

Q 会社を辞めたと彼女に伝えたら振られた。やっぱり金の切れ目が縁の切れ目か…

（男は金を稼ぐほど価値があると思っている20代男性）

A お金ではなく、人徳と愛情が足りなかったのかもしれません

回答してくれた神さまは
美と愛と繁栄の女神

シュリー

●**登場場所**…インド神話
●**祀られている場所**…インド・デリーのラクシュミーナーラーヤン寺院
●**逸話**…浮気性で、居場所をコロコロ変えるが、シュリーのいるところに繁栄がある

回答：神も愛するものが徳を失ったら見捨てます

自分をよく振り返ってみて。本当にお金だけの問題でしょうか？

私は悪魔のバリの元にいました。バリは悪魔とはいえ、大変徳が高かったのです。けれどもやがてバリは慢心して徳を失いました。

そこで私は彼を見捨て、インドラ神の元へ行き、彼と共に住むことにしたのです。私が住むところには繁栄があり、見捨てた者は落ちぶれます。

インドラは正しい時期に雨を降らせました。

インドラとは？
インドラは神々の王。戦士神にして雷の神でもある。ヴィシュヌ、シヴァ、ブラフマーからなるヒンドゥー教の三大主神よりは地位が劣る。

法の道から外れる人間はいなくなりました。大地は多くの宝石で飾られました。人間たちは正しく祭式を行いました。果物や花は風に吹かれても、時期を逸して木から落ちることはありませんでした。牛たちは蜜のような乳を出しました。私が正しい伴侶を選んだことで、世界は幸福に満たされたのです。悪魔のバリのところにいたら、世界は不幸に閉ざされたままだったでしょう。

あなたも徳を失ってはいませんか？　お金の前に自分と向き合ってください。女性の目は厳しく真実を見抜きます。私のように。

バリの神話

かつてバリが世界を支配していた時、天界から追いやられた神々は、ヴィシュヌに助けを求めた。ヴィシュヌはこびとの姿を取ってバリの元へ行き、「三歩によって覆えるだけの土地をください」と言った。バリが「よかろう」と言うと、ヴィシュヌは三歩で全世界を歩み、世界を取り戻した。

悩み 07

Q 不倫がバレそう。どうしよう…

（社内不倫中30代女性）

A 不倫は人間の領域にあらず。きっぱりやめなさい

回答してくれた神さまは
たくさんの妻がいる万能の神
ダグダ

●**登場場所**…ケルト神話
●**祀られている場所**…アイルランドで崇拝されていた
●**逸話**…生と死を司る棍棒、無尽蔵に食物が出てくる釜などの宝物を持つ最高の神

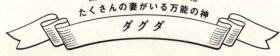

回答：神の不倫と人間の不倫は次元の違う話

我々神々は理由があって妻とは別の女神や女性と関係を持つことがある。しかしこのようないわゆる不倫は、人間は踏み入ってはならない領域と心得よ。

私にはたくさんの妻がおり、子もたくさんいる。妻は三人、ブレグ、メング、メイベルといい、それぞれ子どもがいる。ほかに戦いの女神モリグーとも結婚し、戦いの手助けを約束させた。ボイン川の女神ボアンとも結婚したが、彼女にはネフタンという夫がいた。日が暮れると夫が帰ってきて秘密がばれてしまうので、９ヶ

ケルト神話とは？

現在アイルランドとウェールズに残されている、ケルト人の神話をケルト神話と呼ぶ。よく知られているアーサー王伝説もケルト圏の伝承だ。

月太陽を出しっぱなしにした。その結果、9ヶ月後にボアンとの子、愛と若さと美の神オウィングスが生まれた。

人間に9ヶ月の間太陽を出しっぱなしにする力などなかろう。そもそも神々が多くの女神と交わるのは、豊穣のためだ。単なる自分たちの満足のためではない。世界に豊穣をもたらし豊かにするための大切な営みなのだ。人間が自分の欲や勝手な都合で不倫をするのとは全く異なる次元。多くの女神や女性と交わるのは神の領域だ。

人間は踏み込むなかれ!

ダグダは神話上ではどんな立ち位置か?

ダグダ神は万能の神だ。戦士として強力で、生と死を操り、そして食いしん坊という愉快な側面も持つ。

第5章 家族編

そうだ！
あの神様に
聞いてみよう

悩み 01

Q 妹の引きこもりを何とかしたい！

（正義感の強い兄10代男子）

A みんなが楽しそうにしていたら出ていきたくなるわ

回答してくれた神さまは

太陽の女神

アマテラス

●**登場場所**…日本神話

●**祀られている場所**…伊勢神宮・内宮（三重県伊勢市）、天岩戸神社（宮崎県高千穂町）

●**逸話**…岩屋に籠もり世界を暗闇に閉ざしたが、神々が行った祭りによって外に引き出された

回答：神も楽しい雰囲気作りで明るさを取り戻した

引きこもる時というのは、固く心が閉ざされています。そのような時に無理矢理に引きずり出そうとしてはいけません。私も引きこもったことがあるので、よくわかります。

弟のスサノヲが天上世界で悪さをしたことがありました。私はずっとかばってきましたが、スサノヲのいたずらのため一人の女神が死んでしまい、怒りのあまり岩屋に籠もり戸を固く閉めました。私は太陽の女神ですので、世界中が暗闇に閉ざされました。ところが楽しそうな笑

スサノヲのいたずらとは？

スサノヲのいたずらははじめ、アマテラスの田を壊したり、新嘗祭を行う御殿に大便をするというようなものだったが、最後に、アマテラスの機屋に逆さに皮を剥いだ馬を投げ込み、これによってアマテラスの激怒をかった。

い声が聞こえるではありませんか。私は、不審に思い、岩屋の戸を少しだけ開けて見たところ、アメノタヂカラヲに手を取られ、外に出たのでした。

じつは困った神々が知恵のあるオモヒカネを筆頭に相談し、お祭りを行うことにしていたのです。お祭りの道具、鏡と玉を作り、アメノコヤネとフトダマが占いをし、アメノウズメが衣をはだけて踊っていたのでした。

外の世界が楽しいものだとわかれば、自然に引きこもりも解消されるでしょう。暗い時ほど、笑いの力を周りが忘れないことです。

神々のお祭りの特徴

アマテラスを岩屋から引き出す祭りを行うため、これまで渾然としていた神々が秩序化されて、それぞれの役割を割り当てられて活躍することになった。

悩み 02

Q

子どもたちになめられています…
（反抗期の男子と女子の父）

A

時にはびしっと叱ることも大切。私にも勘当した息子がいます

回答してくれた神さまは
三貴子の父

イザナキ

●**登場場所**…日本神話
●**祀られている場所**…伊弉諾神宮（兵庫県淡路市）、おのころ島神社（兵庫県南あわじ市）、江田神社（宮崎県宮崎市）
●**逸話**…生まれてから大人になっても母を恋しがってずっと泣いている息子のスサノヲを追放した

回答：神も子を想って〝鬼〟になります

私は大切な息子であっても、いつまでも甘えていたので勘当したことがある。

妻のイザナミから逃げて黄泉の国から帰ってきた時、穢れを祓《はら》うために川で禊ぎをしたのだが、その時に生まれた神々のうち、最も尊い子どもたちが「三貴子」のアマテラス、ツクヨミ、スサノヲだ。私はたいへん喜んで、アマテラスには天上の高天原の支配を委ね、ツクヨミには夜の世界、スサノヲには海の世界の支配を命じた。

しかしスサノヲだけは命じられた国を支配し

禊で生まれたほかの神

イザナキの禊から、まず災いの神々、次にそれを清める神々、そして六柱の海の神々が誕生した。

ようとせず、いい大人になっても泣きわめいていた。理由を尋ねると、スサノヲは「黄泉の国の母を慕って泣いています」と答えた。私は怒ってスサノヲを追放した。

母が恋しい気持ちはわからなくもないが、大人になっても引きずっていてはいけない。私がスサノヲを追放したことは結局息子のためになった。スサノヲは高天原のアマテラスの元へ行き、その後地上に降りてヤマタノヲロチを退治するという大きな武勲を立てた。これも、翻ってみれば私が息子を追放したおかげ。時には厳しくすることも大切なのだ。

悩み 03

Q 嫁の実家で義両親と同居生活。なんだか肩身が狭くて…

（結婚2年目で同居スタート20代男性）

A 義両親が嫁以上のバックアップをしてくれることもある

回答してくれた神さまは

舅（オホワタツミ）と仲良し

ホヲリ

●**登場場所**…日本神話

●**祀られている場所**…鹿児島神宮（鹿児島県霧島市）

●**逸話**…なくしてしまった兄の釣り針を探しに海底の宮殿に行き、海神の娘と結婚した

回答：神も義両親との関係でその後が変わります

私は結婚して、義理の両親の宮殿で過ごした。というのも、兄のホデリの釣り針を借りてなくしてしまい、探すために行った海底の宮殿で海神オホワタツミの娘トヨタマビメと出会い、互いに一目惚れしたからだ。海神も歓迎してくれ、楽しい結婚生活は瞬く間に三年が過ぎた。

私はふと、なくした兄の釣り針のことを思いため息をついた。それを見た妻が海神に相談したので、私はそもそもこの海底の宮殿にやってきたわけを話した。すると海神は魚を集めて釣

兄・ホデリ（海幸彦）の釣り針とは？

ホデリ（海幸彦）の持つ釣り針、これはただの釣り針ではなく、海の幸を引き寄せる特別な呪力のこもった宝物であると考えられる。だから百本でも千本でも、他の釣り針ではだめだったのだ。

り針の行方を問うた。赤い鯛が喉の痛みのためものが食べられないという話を聞き、その鯛の喉を探ると釣り針が出てきた。

義父はその釣り針を兄に返す時の方法を私に教え、さらにその後の田んぼの作り方も教えてくれた。その通りに兄に釣り針を返し、兄とは違う高さに田んぼを作ったので、兄は貧しくなり、私は富み栄えた。兄が恨んで攻撃してきたが、義父から授かったまじないの珠を使って懲らしめたので、ついには兄は私の支配下に。

義理の親はかくもありがたく頼りになる。ぜひ良い関係を築いてくれ。

兄との関係について

そもそも釣り針をなくしたホヲリ（山幸彦）が悪いのではないか？と思われるかもしれないが、神話は道徳ではない。また、三人兄弟の末弟が成功する話は世界に多く見られる。

悩み 04

Q 妻が子どもに甘すぎる気が…。子どもの将来が心配です

（3歳のひとり息子を持つ30代男性）

A 可能な限り庇護を与えましょう。ただし、最終的には自立へと導かねばなりません

回答してくれた神さまは

息子想いの母神

サシクニワカヒメ

●**登場場所**…日本神話
●**祀られている場所**…赤猪岩神社（鳥取県西伯郡南部町）
●**逸話**…殺された息子のオホクニヌシを二度も蘇らせた母神

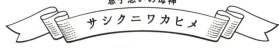

回答：神も子が小さいうちはとことん甘い

まず、子どもには最大限の愛情と庇護を与えなければなりません。

私の息子オホクニヌシは因幡のヤガミヒメと結婚しましたが、それを逆恨みした兄の八十神たちによって、猪に似せた焼け石に焼け付かれて死んでしまいました。私はすぐに天上のカムムスヒの元へ行き、助力を請いました。そこで遣わされた二人の貝の女神が貝の汁を息子の身体に塗って蘇らせてくれました。しかし八十神は諦めず、木の幹の中に息子を閉じ込めて圧死させました。今度は私自身が息子を木から取り

八十神とは？

日本神話で「8」という数字は「たくさん」という意味を持っている。八百万の神は「多くの神々」の意、「八十神」も同様で多くの兄たち、という意味。

出して蘇らせました。

このままではまた殺されると、私は息子を紀伊国のオホヤビコのもとへやりましたが、八十神が追ってきたので、祖先のスサノヲさまのいる根の国へ。スサノヲさまから様々な試練を課されて一人前の神となった息子は、スサノヲさまの娘スセリビメを正妻として連れ帰り、八十神を征伐して立派に国を治めました。

このように、まずは子どもに最大限の庇護を与え、次の段階では子から離れ、優しくも厳しく自立を促す。母親自身も子を守るだけでなく手放す勇気を養うことが必要です。

悩み 05

Q おじいちゃんが孫の言いなりで…

（親に育児を頼りながら働く30代女性）

A 私も孫たちはかわいくてね。お願いされると叶えてしまうね

回答してくれた神さまは
祖父神

ブラフマー

●**登場場所**…インド神話
●**祀られている場所**…仏教では梵天。京都・東寺講堂の木像が有名
●**逸話**…創造神であり、神も悪魔もブラフマーの孫として等しく望みを叶えられる

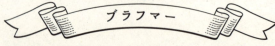

回答：神も〝祖父〟には役割がある

私は世界を創造した、創造神である。神々と悪魔たちは、みな私の孫だ。そこで私は「ピターマハ」＝「祖父」としてあがめられている。

私の役割は、孫たちが厳しい苦行をした時などに、その褒美として願いを叶えてやること。それは神々でも悪魔たちでも同じだ。両者は私の中では平等なのだよ。ただ、やはり悪魔たちはその本性の故に、良くない行いをすることが多いものだ。

私が願いを叶えてやった悪魔の兄弟スンダとウパスンダは、「我々相互を除いて、我々に危

インド神話から仏教で呼び名が変わった神は？

インドラ→帝釈天
シュリー→吉祥天
サラスヴァティー→弁財天
ヴァルナ→水天
など、インド由来の神々は多い。

険がありませんように」と願ったので、叶えてやった。ところが私の恩寵を得るや、世界の征服を開始し、神々を追いやってしまった。
困窮した神々を救うため、世界を正すため、私は一人の美しい天女ティローッタマーを造り、彼女に二人の悪魔を誘惑させて対立させた。スンダとウパスンダの兄弟は互いに争って滅びた。
このように孫への愛情は祖父にとって深いものだが、その愛情を逆手にとって悪さするなら厳しく接する。それが「祖父」の役割というものだ。

ブラフマーがほかに叶えた願いはどんなものがあるか?

ブラフマーの「願いを叶える力」は恐ろしく、増えすぎた生類の重みに耐えかねた大地女神の願いを叶えて、戦争を起こし、人類を減らしたという話が『マハーバーラタ』にある。

悩み06

Q
すぐに怒り出す父親が嫌い！
（父を怒らせないようにビクビク暮らす10代女子）

A
うちなんて、怒って息子の頭はね飛ばして、反省して象の頭くっつけた強者だよ

回答してくれた神さまは
象の頭の商業の神
ガネーシャ

●**登場場所**…インド神話
●**祀られている場所**…インド・マハラシュトラ州を中心にデカン高原で崇拝されている。仏教では歓喜天
●**逸話**…母の命令をかたくなに守りすぎて父を怒らせた

回答：神もひどい怒り方をする

父親の怒りっぽさに関しては、私の父、破壊神シヴァ以上の者はいないぞ。

私が母パールヴァティーの入浴の見張りをしていた時、父がやってきた。母は「誰も入れてはならない」と私に命じていたので、私は父が入っていくのを止めた。すると父は激怒して、私の首をはねてしまったのだ。

これを知って母は大変悲しんだ。そこで、父は最初に通りかかった動物の頭を私の首に置くことにした。

象が最初に通りかかったので、私は象の頭を

ガネーシャとはどんな神か？

ガネーシャは商売の神。よくインド料理屋などで店先に像が置かれているのを見かける。乗り物はなんとネズミ。乗るのだろうと、どうやって不思議でならない。

持つ神となった。

このように父親が怒りっぽい場合は、母親を味方につけるのがいい。私の場合も、母が嘆き悲しんだために父は反省した。

とはいえ、その結果が象の頭だから、うちの父の反省の仕方はよくわからないけどね。

パールヴァティーとはどんな神か？

シヴァ神の妃は多く、優しい性格のパールヴァティー、ウマー、サティー、恐ろしい性格のドゥルガー、カーリーなどがいる。本来は別々の女神だったが、シヴァ神妃としてまとめられていった。

悩み 07

Q 子育てが大変。悩みが尽きません…
（3歳と2歳の年子を持つ20代女性）

A 一人で抱え込まないこと。私には6人の母がいるよ

回答してくれた神さまは
6人の母に養われた戦の神
スカンダ

- **登場場所**…インド神話
- **祀られている場所**…インド南部で崇拝されている
- **逸話**…悪魔を滅ぼす使命のためシヴァの子として生まれた

回答：神も子育てに〝他力〟を使う

６人の母に養われた私の話をしよう。

シヴァとパールヴァティーが苦行をして夫婦の交わりを慎んでいる時に、神々は悪魔に苦しめられていた。何とかして悪魔を退治できるシヴァの子どもが必要だった。

そこで火の神アグニが神々の頼みを受けて、シヴァの精液をガンジス川の女神ガンガーのもとに持って行き降り注いだ。こうして誕生したのがこの私、スカンダだ。

生まれたばかりの私を、神々は６人の女神、クリッティカーたちにゆだねた。女神たちは私

６人の女神について

七仙と呼ばれる偉大な聖仙たちの妻たちが、スカンダ誕生の際に貞操を疑われ離縁されたという話が『マハーバーラタ』にある。最も清らかなアルンダティーを除く６人の妻たちが、天界に昇ってすばる星となった。

を自分たちの子として、乳を与えて育てた。だから私は別名をクリッティカーから取ってカールッティケーヤという。私は6人の養母から同時に乳を飲むために、6つの頭を持つ者となった。そして一日のうちに、素晴らしい少年（クマーラ）となり、悪魔の軍勢を征服して世界を救ったのだ。

子育てを抱え込むと大変だ。まわりに頼っていい。愛情不足が心配？　母親をはじめさまざまな人の愛を受けて成長した子は「世界」を愛情あふれるものとして認識し、周りの人々にも愛情を与えられる強い人間に育つだろう。

現代でも活躍する神さま!?

スカンダの妃はデーヴァセーナーという。2017年公開のインド映画『バーフバリ』の女主人公の名前だ。

第6章

生活編

そうだ！
あの神様に
聞いてみよう

悩み01

Q 何か、ラクして稼ぐ方法はないものでしょうか…

（投資に失敗、パチンコが趣味。30代男性）

A 神ですら努力して能力を身につけるもの。近道はないと心得よ

回答してくれた神さまは
呪術を操る最高神

オージン

●**登場場所**…北欧神話
●**祀られている場所**…ゲルマン人によって崇拝されていた
●**逸話**…価値ある知恵を手に入れるためには自分自身の身体を損なうことも辞さない

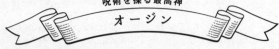

回答：神も富を得るために努力する

価値のある能力は、時に自分自身をも犠牲にしないと手に入らないものだ。楽して稼ごうなどとは、笑止千万。

ルーン文字というまじないの力のこもった文字がある。私はこの文字の秘密を手に入れるために、自ら大木につり下がり、忘我の境地でその秘密を手に入れた。

また、ミーミルの泉という知恵の泉があって、その水を飲めばあらゆる知恵が手に入る。私はその泉の水を一口飲むために、泉の番人であるミーミルという名の男に片目を差し出した。だ

オージンはどんなことをした神？

原初の時に生まれた巨人のユミルを殺害し、その身体から世界を創り出したのがオージンとヴィリとヴェーの三兄弟。オージンが後に神々の王となった。

からこのオージンは片目なのだ。その目は今でもミーミルの泉にある。

苦労して詩人の蜜酒を手に入れたこともあった。それを飲めば誰でもすばらしい詩人になれるという蜜酒を巨人が守っていた。私は変装して巨人の元で働き、報酬として蜜酒を求めたが拒まれたので、蜜酒をすべて飲み干して巨人のもとから神々のもとへ運んだのだ。

最高神である私ですら自分の身体を損ない、努力し、労働すらしてさまざまな価値ある能力を得た。楽をして手に入るものなど、何もないのだ。

ゲルマン神話の主な神々
ゲルマン神話の三大主神といえば、オージン、トール、フレイ。オージンは呪術と知恵の神、トールは戦争の神、フレイは豊穣の神だ。

悩み02

Q 破産しそう…。だけど、ブランド志向がやめられない

（ブランド大好き♥40代女性）

A モノへのこだわりを断ち切ろう。私の衣はカモシカの皮のみ。

回答してくれた神さまは
破壊神
シヴァ

●**登場場所**…インド神話
●**祀られている場所**…インド・ウッタルプラデーシュ州カーシー・ヴィシュヴァナート寺院
●**逸話**…苦行者の姿をしている。時が来ると世界を破壊する破壊神

回答：神も華美に魅了されることがあるが…

華美をきわめたところで、むなしいものだ。

インドラ神の話をしよう。インドラは、悪竜ヴリトラを退治した功績に慢心し、その武勲にふさわしい立派な宮殿を建てようと、工作の神ヴィシュヴァカルマンを呼んで作らせた。ヴィシュヴァカルマンは素晴らしい仕事をし、壮麗な宮殿を作り上げたが、インドラはいつまでたっても満足せず、ますます立派な宮殿を建てることを望み続けた。

たまりかねたヴィシュヴァカルマンは、私とヴィシュヌに相談した。ヴィシュヌは子どもの

シヴァの身なり

もつれた長い髪の毛、腰にはカモシカの皮をまきつけ、苦行者の姿をし、胸には円形の胸毛の茂みが生えている。この胸毛の毛が一本落ちると、インドラの一生が終わるとされる。

姿になってインドラの宮殿へ行き、インドラを諭した。私は貧しい苦行者の身なりをしてインドラの元へ行き、この世がいかに儚《はかな》いか、その儚い世で華美を極めることがいかにむなしいかを説いた。インドラは反省し、ヴィシュヴァカルマンに適切な報酬を払い、妻のシャチーと協力して世界を統治する仕事を勤勉にこなすようになった。

神であっても虚飾に魅了されることはあるが、それは一時の輝きで儚いもの。それよりも書物や音楽など〝心〟を彩るものに興味を持つとよいぞ。

インドラとシヴァの関係とは？

かつては「神々の王」として最高の地位にあったインドラ神だが、その後ヒンドゥー教において最高神となったヴィシュヌ、シヴァ、ブラフマーに対して、相対的に力を弱めた。

悩み
03

Q 宝くじ、今度こそ当てたい！
（年に2回宝くじを買い続けている50代男性）

A 戌亥（西北）の方角は、福の神である私が住む、富をもたらす方向だ

回答してくれた神さまは
財運の神
大黒天

●**登場場所**…日本神話
●**祀られている場所**…大黒寺（大阪府羽曳野市）、神田明神（東京都千代田区）
●**逸話**…インドのシヴァ神（別名マハーカーラ＝大黒）が日本のオオクニヌシ（大国）と習合して大黒天となった

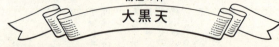

回答：神のいる縁起のいい方角がある

私は福と富をもたらす七福神の一人、大黒天だ。私がいるのは、「いぬいの隅」、神門と呼ばれる西北の方向。ここに保管してみてはどうだ。「一寸法師」の話を知っているかな。一寸法師は鬼を退治して、鬼が捨てていった打ち出の小槌などの宝物を手に入れ、姫君と結婚して幸福に暮らすことになった。

この時、鬼たちの逃げた先がどこだか、知っているかな？

「極楽浄土の戌亥」に逃げていったのだ。

鬼というと、地獄にでも住んでいるように思

七福神の元の神さまとは？

七福神のうち、恵比寿神は日本のヒルコ、大黒天はインドのシヴァと日本のオオクニヌシが合わさったもの、毘沙門天はインドの財宝の神クベーラ、弁財天はインドの川の女神サラスヴァティー、布袋尊、福禄寿、寿老人は中国由来だ。

うかもしれないが、実は「極楽浄土の戌亥」というとても縁起のいい方向に住んでいる。しかも昔話の中で鬼たちは、主人公に、打ち出の小槌のような、富をもたらす宝物を与える役割を果たす。鬼は単に悪いだけのものではないのだ。

その「富をもたらす鬼たち」と、「福の神」である私が、同じ戌亥＝西北の方向に住んでいるので、この方向が「神門」と呼ばれる縁起のいい方向であることがわかると思う。宝くじに限らず、大切なものを保管するにふさわしい方角なのだ。

悩み 04

Q

〝飼い猫に手をかまれる〟状態。
もうちょっとなついてくれてもいいのに
（大好きなネコへの愛情が一方通行40代女性）

A

私はネコの女神です。
つまりネコは神なのです。
間違っているのは
人間のほう

回答してくれた神さまは
ネコの女神
バステト

●**登場場所**…エジプト神話
●**祀られている場所**…エジプト・デルタ地帯ブバスティス
●**逸話**…太陽神ラーの宿敵アペプを退治する

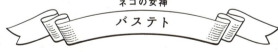

回答：神は時にネコであり、猛獣である

「猛獣を飼っているみたい」なのではなくて、猛獣そのものを飼っているのだと思いなさい。

私はネコの姿の女神です。

ネコがそうであるように、私にも二つの両極端な性質があります。王の母、あるいは乳母としての、優しい母神の側面と、それとは対照的な攻撃的な側面を併せ持っています。攻撃的な面として、私は太陽神 ラーの宿敵、コブラのアペプを退治します。

そんな私ですが、もとは雌ライオンの姿をしていました。その後次第にネコの姿で表される

ネコ科動物の神話
ネコ科動物は、女神の乗り物とされることがある。インドのドゥルガー女神は白いライオンを従えている。ゲルマン神話のフレイヤはネコに引かせた車に乗る。

ようになり、穏やかな性質の女神と考えられるようになります。ネコは、私の聖獣として、丁寧にミイラ処置を施されて埋葬されていました。

そんなわけですから、ネコ（すなわちこの私）はまず、猛獣だったことを忘れてはなりません。

おとなしくかわいらしい姿は仮のものです。

そんなネコと共に暮らすことを選んだのだから、もう逃げられません。

ネコに仕えてくださいね♥

古代エジプトで神格化されている動物たち

エジプトでは様々な動物が神々と結びつけられ、あるいはそれ自体神として、崇拝された。ホルス神は鳶《とび》の姿、アヌビス神はジャッカルの姿、ハトホル女神は雌牛の姿だ。

悩み
05

Q
とにかく貧乏。
なぜかお金が貯まりません
（マジメ一筋に生きてきた40代サラリーマン）

A
私、貧乏神は
人間の行い次第で
福の神になる

回答してくれた神さまは
転じて福を呼ぶ神

貧乏神

●**登場場所**…日本の昔話
●**祀られている場所**…牛天神北野神社脇の太田神社（東京都文京区）
●**逸話**…厄介者の神のようでいて、福の神としての側面もある

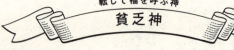

回答：神も人間次第で変化する

私は皆に嫌われる貧乏神だが、単に貧乏をもたらすだけの役割ではないことは、あまり知られていないようだ。

こんなことがあった。

私はある夫婦のもとにいて、はじめはこの夫婦も貧乏だった。しかし二人とも働くのが好きで、一生懸命に働いたので、少しずつ貯金もできて、やがて大金持ちになった。

ある年越しの晩のこと、天井のほうで私は泣いていた。すると泣き声を聞いた夫婦が私に声をかけた。そこで、自分は長くこの家に住んで

その他の貧乏神伝説について

貧乏な夫婦がいて、ある時押し入れに貧乏神が住み着いているのを発見する。夫婦は引っ越すことにする。貧乏神も鞋《わらじ》を編んでついていこうと準備をしている。仕方ないのでその家に留まり真面目に働くと、いつの間にか貧乏神はいなくなっていた。

いて、ここが好きだったのだが、もうすぐ福の神がやってくるので、この家を出て行かなければならない。と言ってたいそう悲しんだ。同情してくれた夫婦は、私と協力して、やってきた福の神を追い返してしまった。それ以来、私、貧乏神はこの家の福の神になったのだ。

貧乏を嘆いている暇があったら、この夫婦のように楽しく働いて、少しずつでも貯金していけば、やがて貯金は増えていく。そして貧乏神も福の神に転じることだろう。

悩み
06

Q　人生の目的は金儲け。悪いこと？

（投資、起業で億万長者を目指す40代男性）

A　過去にも同じように金に目がくらみ、泣きついてきた者がいた

回答してくれた神さまは
人間に“金”に変える力を授けた
ディオニュソス

●**登場場所**…ギリシャ神話
●**祀られている場所**…ギリシャ　アテネのアクロポリスの神殿にディオニュソス劇場がある
●**逸話**…ゼウスと人間の女セメレとの間に生まれ、その生まれにかかわらず神の地位を獲得した

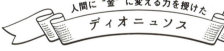

回答：神は〝金〟のよさがわからない

昔も今も金にばかり目がくらむ人間はいるのだな。ミダス王の話をしよう。

プリュギアの王ミダスが私の養父、シレノスを10日間にわたりもてなしたことがあった。私は王の徳を賞賛し、一つだけ願いを叶えることにした。ミダス王はよく考え、「私の身体に触れるものがすべて、黄金になるように」と願ったので叶えてやった。

はじめは大喜びで木を黄金の小枝に変えたり、小石を黄金の球にしたり、林檎を三女神が競ったへスペリデスの黄金の林檎のようにして胸を

ディオニュソスとは？

ぶどう酒の神で、荒々しい狂乱をともなう密議の主宰神でもある。

躍らせていたが、長くは続かなかった。

王は空腹を感じ、食事を始めたが、肉を食べようとしても、水を飲もうとしても触れるやいなや黄金に変わってしまう。肉はカチンと固い音を立て、ぶどう酒は味気ない黄金の粒になるばかり。

もはや王は生命をも危ぶまれる事態となり、私にこのやっかいな力を解き放ってくださいと願った。彼を罰するつもりなどなかったので、願いを叶えてやった。

果たして金は幸福のすべてか。ミダス王の話はよい教訓になる。


力を解き放ってもらった後のミダス王は？

ミダス王は人間を嫌うようになり、山野に引きこもり、森や野の神パンをひたすらに崇めた。森のニンフたちを相手に葦笛の妙技を披露し、パンがアポロン神と音楽の競技をする時には、立会人を務めた。

悩み07

Q ヴィオラの演奏が趣味。でも地味なのがちょっと…

（ヴァイオリンとよく間違われる30代男性）

A 私なんて月の神なのにまったくといっていいほど神話がない。しかし存在自体が大切なのだ

回答してくれた神さまは

活躍しない月の神

ツクヨミ

●**登場場所**…日本神話

●**祀られている場所**…月読神社（長崎県壱岐市）（京都府京都市）

●**逸話**…アマテラス、スサノヲの兄弟としてイザナキの禊から誕生した

回答：神も主役、わき役、いろいろいる

その気持ち、よくわかる。私は月の神のツクヨミ。父イザナキが黄泉の国から帰ってきて川で禊をした時に生まれた「三貴子」の一人。最高女神で太陽女神のアマテラスが姉で、英雄神のスサノヲが弟だ。

華々しい活躍をする姉弟たちに囲まれている この私だが、実は私には神話がほとんどないのだ。『古事記』では一つもないし、『日本書紀』でもたったの一か所だけ。月の神の地位に反して、この神話の少なさは奇妙なほどだ。

ただ、私の存在は、何かと対立するアマテラ

ツクヨミが描かれているエピソードについて

『日本書紀』によると、ウケモチという食物の女神がツクヨミを歓待するために、口から食物を吐き出して、それを調理して差し出したのを見て、穢れた食べ物を食べさせられると思って、ウケモチを斬り殺してしまった。するとウケモチの死体から五穀の種などが生じた。

スとスサノヲの緩衝材《かんしょうざい》のようなものだと考えている。私という存在があるからこそ、アマテラスとスサノヲは安心して喧嘩できるのだろう。

ヴィオラという楽器は、姿は華々しいヴァイオリンに似ているが少し大きく、音域もヴァイオリンとチェロの中間。

まるでアマテラスとスサノヲに挟まれた私のようではないか。

だからこそ、私のように、存在自体が大切なのだと、自信を持つとよいぞ。

悩み 08

Q 外食が趣味ですが、最近マンネリで…

（新しいお店を開拓するといい出会いがある気がする20代女性）

A たまには家でお料理をして楽しんでみては？新しい世界が開けるかも

回答してくれた神さまは

炉の火の女神

ヘスティア

●**登場場所**…ギリシャ神話

●**祀られている場所**…ギリシャ・家庭、町、国家の全ての炉で祀られている。デルポイのヘスティア神殿が有名

●**逸話**…クロノスとレアの娘として生まれたオリュンポス 12 神のひとり

回答：神は火によって世界を開く

私は炉の守り神です。そして永遠に処女のままの処女神の一人。以前、アポロンとポセイドンが私に求愛しましたが、私はゼウスに願って処女を守り続けることを許されました。ギリシャで処女を守る女神は私の他に二人。正義の女神アテナと、狩りの女神アルテミスです。愛の女神アプロディテであっても、私たち三人だけは意のままにできない、と悔しがっています。

私が処女であることと、炉の中の火の女神であることは、無関係ではありません。処女というのは、女性と男性、子どもと大人の「仲介

ヘスティアの火とオリンピックの聖火

ヘスティアの火は、オリュンピアのプリュタネイオンの炉の火でもあり、そこには「永遠の聖火」が保持されていた。これが、オリンピック大会競技の聖火である。

者」となる資格を持つのです。その意味において、私は人間と神々を取り持つ祭儀でも、仲介者としての役割を果たします。人間たちは私の火に供物を捧げることで、天界の神々と交流を持つのです。

外食であっても家庭であっても、私の司る火によって調理されたものは、天界の神々との交流を可能にする、尊いものです。ですので、機械的に食べるのはもったいない。家庭の火で料理をして、家族や友人とゆっくり交流を楽しんでみては？　私も「仲介者」としてその場に隣席しましょう。

世界の処女神

処女神といえば、真っ先にキリスト教の聖母マリアが思い浮かぶ。また、わが国のアマテラスも処女にして母なる神だ。他に、ネパールに「クマリ」という少女の生き神がおり、初潮をみると資格を失う。

登場した神様 INDEX

日本の神様

アシナヅチ	足長神社(長野県諏訪市)
アマテラス	伊勢神宮・内宮(三重県伊勢市)、天岩土神社(宮崎県高千穂町)
アメノウズメ	千代神社(滋賀県彦根市)、芸能神社(京都市右京区)、椿大社(三重県鈴鹿市)、鈿女神社(長野県北安曇野郡松川村)
アメノミナカヌシ	秩父神社(埼玉県秩父市)、千葉神社(千葉県千葉市)、東京大神宮(東京都千代田区)
イザナキ	伊弉諾神宮(兵庫県淡路市)、おのころ島神社(兵庫県南あわじ市)、江田神社(宮崎県宮崎市)
イザナミ	比婆山久米神社(島根県安来市)、花窟神社(三重県熊野市)
因幡の白兎	白兎神社(鳥取県鳥取市)
イハナガヒメ	雲見浅間神社(静岡県賀茂郡)、大室山(静岡県伊東市)、全国の浅間神社(コノハナサクヤビメとともに)
オホカムズミ	賀茂神社(徳島県阿波市)、行田八幡神社(埼玉県行田市)、桃太郎神社(愛知県犬山市)
オホクニヌシ	出雲大社(島根県出雲市)、大國魂神社(東京都府中市)、出雲大神宮(京都府亀岡市)
オモダル	第六天神社(関東)
オモヒカネ	秩父神社(埼玉県秩父市)、阿智神社(長野県下伊那郡阿智村)、気象神社(東京都杉並区)
クエビコ	久延彦神社(奈良県桜井市)

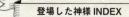

サシクニワカヒメ	赤猪岩神社（鳥取県西伯郡南部町）
サルタヒコ	猿田彦神社（総本山：三重県伊勢市、全国各地）
スクナビコナ	大神神社（奈良県桜井市）、各地の少彦名神社
スサノヲ	八坂神社（京都府京都市）、須佐神社（島根県出雲市）、氷川神社（埼玉県さいたま市）
スセリビメ	出雲大社（島根県出雲市）、春日大社（奈良県奈良市）、國魂神社（福島県いわき市）
大黒天	大黒寺（大阪府羽曳野市）、神田明神（東京都千代田区）
タケミカヅチ	鹿島神宮（茨城県鹿嶋市）、春日大社（奈良県奈良市）、石上神宮（ 奈良県天理市）
タケミナカタ	諏訪大社（長野県諏訪市ほか）
ツクヨミ	月読神社（長崎県壱岐市、京都府京都市）
トヨタマビメ	豊玉姫神社（鹿児島県南九州市、千葉県香取市など）
貧乏神	太田神社（東京都文京区）
ホヲリ（山幸彦）	鹿児島神宮（鹿児島県霧島市）

登場した神様 INDEX

世界の神様

ヴァルナ	水天宮（全国）
ヴィシュヌ	インド、ウッタル・プラデーシュ州ジャンシーのサルヴァトバドラ寺院・ケーララ州ティルヴァナンタプラムのパドマナバスワミ寺院
ヘルメス	ギリシャ、アルカディア地方
アプロディテ	キュプロス島
ドゥルガー	インド、カルナータカ州アイホーレ
イナンナ	イラク、ウルク市
女媧	中国、武氏墓群石刻
北斗星／南斗星	中国
ヘパイストス	小アジア、レムノス島、シチリア島などの火山帯
インドラ	柴又帝釈天［経栄山題経寺］（東京都葛飾区）
クリシュナ	インド、ウッタルプラデーシュ州ブリンダーヴァン
イシス	エジプト、アスワン近郊のフィラエ神殿
アテナ	ギリシャ、パルテノン神殿

アルテミス	トルコ、エペソスのアルテミス神殿
ラー	エジプト、ヘリオポリス
シュリー	インド、デリー、ラクシュミーナーラーヤン寺院
ダグダ	アイルランド
ブラフマー	京都、東寺講堂
ガネーシャ	インド、マハラシュトラ州、デカン高原
スカンダ	インド南部
オージン	ゲルマン人に崇拝された
シヴァ	インド、ウッタルプラデーシュ州カーシー・ヴィシュヴァナート寺院
バステト	エジプト、デルタ地帯ブバスティス
ディオニュソス	ギリシャ、アテネのアクロポリスの神殿
ヘスティア	デルポイのヘスティア神殿

参考文献

大林太良、伊藤清司、吉田敦彦、松村一男編
『世界神話事典』角川選書、2005年

松村一男、平藤喜久子、山田仁史編
『神の文化史事典』白水社、2013年

松村一男、森雅子、沖田瑞穂編『世界女神大事典』
原書房、2015年

吉田敦彦・古川のり子
『日本の神話伝説』青土社、1996年

伊藤清司『中国の神話伝説』東方書店、1996年

大室幹雄『囲碁の民話学』岩波現代文庫、2004年

上村勝彦『インド神話』ちくま学芸文庫、2003年

菅沼晃編『インド神話伝説辞典』東京堂出版、1985年

ジョン・グレイ著、森雅子訳『オリエント神話』青土社、1993年

矢島文夫訳『ギルガメシュ叙事詩』ちくま学芸文庫、1998年

矢島文夫『エジプトの神話』ちくま文庫、1997年

呉茂一『ギリシア神話』新潮社、1994年

吉田敦彦
『面白いほどよくわかる　ギリシャ神話』日本文芸社、2005年

菅原邦城『北欧神話』東京書籍、1984年

青春文庫

人間《にんげん》の悩《なや》み、あの神様《かみさま》はどう答《こた》えるか

世界《せかい》の神々《かみがみ》と神話《しんわ》に学《まな》ぶ人生哲学《じんせいてつがく》

2018年10月20日　第1刷

著　者　沖《おき》田《た》瑞《みず》穂《ほ》

発行者　小澤源太郎

責任編集　株式会社プライム涌光

発行所　株式会社青春出版社

〒162-0056　東京都新宿区若松町 12-1

電話 03-3203-2850（編集部）

03-3207-1916（営業部）

振替番号　00190-7-98602

印刷／大日本印刷

製本／ナショナル製本

ISBN 978-4-413-09707-9

ほんとうのあなたに出逢う　青春文庫

ヨソでは聞けない話
「食べ物」のウラ

解凍魚でも「鮮魚」と名乗れるのはなぜ？ほか、カシコく、楽しく、美味しく食べるための必携本！

㊙情報取材班［編］

(SE-696)

失われた世界史
封印された53の謎

世界を震撼させた「あの事件」はその後…。ジャンヌ・ダルク、曹操の墓、ケネディ暗殺…。読みだすととまらない世界史ミステリー。

歴史の謎研究会［編］

(SE-697)

「おむすび」は神さまとの縁結び⁉
暮らしの中にある「宮中ことば」

宮中などで使われていた上品で雅な言葉。じつはその心は今も息づいています。〝雅な表現〟の数々を紹介！

知的生活研究所

(SE-698)

伸び続ける子が育つお母さんの習慣

「将来、メシが食える大人に育てる」ためにお母さんにしかできないこととは？ 10万人が笑い泣いたベストセラー、待望の文庫化！

高濱正伸

(SE-699)